MW00892981

"APRENDE A VIVIR

EN USA"

LA GUIA COMPLETA PARA

INMIGRANTES SOBRE CÓMO

VIVIR EN LOS ESTADOS

UNIDOS Y SER EXITOSO

Por: Vojmir Vladilo

www.aprendeavivirenusa.com

Acerca del Autor

Vojmir Vladilo: Un Experto en la Industria Inmobiliaria y Educador Financiero

Vojmir Vladilo, un nombre que resuena en el mundo de la inversión inmobiliaria en el soleado estado de Florida. Desde sus humildes comienzos como inversionista hasta su posición actual como Broker y autor prolífico, la historia de Vojmir es una inspiración para muchos.

Educación y Logros Académicos de Vojmir Vladilo

Vojmir Vladilo no solo ha triunfado en el mundo de la inversión inmobiliaria, sino que también ha demostrado su compromiso con la educación superior. Sus logros académicos son un testimonio de su dedicación y búsqueda constante de conocimiento.

Inicios como Inversionista

En el año 2003, Vojmir dio sus primeros pasos en el mundo de las inversiones inmobiliarias. Su visión y determinación lo llevaron a explorar oportunidades en el mercado de bienes raíces, y pronto se convirtió en un apasionado inversionista. Aprendió las complejidades del mercado, analizó tendencias y construyó una cartera diversificada de propiedades.

El Ascenso a Realtor

En 2006, Vojmir dio un paso más allá y se convirtió en Realtor. Su conocimiento profundo del mercado y su habilidad para conectar con los clientes lo llevaron a cerrar numerosas transacciones exitosas. Como Realtor, ayudó a compradores y vendedores a encontrar las propiedades adecuadas y a negociar acuerdos beneficiosos para ambas partes.

El Broker Experimentado

En 2008, Vojmir alcanzó un hito importante al convertirse en Broker. Como intermediario, asumió la responsabilidad de supervisar operaciones inmobiliarias más amplias y liderar un equipo de agentes. Su ética de trabajo incansable y su enfoque en la excelencia le permitieron establecerse como un líder respetado en la industria.

Asesoría Internacional y Local

Vojmir no solo se enfocó en el mercado local de Florida, sino que también se convirtió en un experto en asesoría para inversionistas internacionales. Su comprensión de las leyes, regulaciones y oportunidades en el mercado estadounidense atrajo a inversores de todo el mundo. Sus conferencias sobre estrategias de inversión y el sistema crediticio americano se han convertido en eventos destacados en la comunidad inmobiliaria.

Autor y Educador

Además de su éxito como profesional, Vojmir ha compartido su conocimiento a través de la escritura. Ha publicado cinco libros relacionados con la inversión inmobiliaria, el crédito y la gestión financiera. Sus obras han sido elogiadas por su enfoque práctico y su capacidad para simplificar conceptos complejos.

Educación Financiera a Nivel Nacional

Vojmir no solo se ha destacado en el mundo de la inversión, sino que también ha impactado a nivel nacional como educador financiero. Ha dictado más de 780 cursos sobre cómo obtener, mejorar, reparar y aprovechar el crédito personal y comercial. Su pasión por empoderar a las personas con conocimientos financieros sólidos ha dejado una huella duradera en la comunidad.

En resumen, Vojmir Vladilo es un pionero en la industria inmobiliaria de Florida y un defensor incansable de la educación financiera. Su pasión, experiencia y dedicación continúan inspirando a otros a alcanzar sus metas financieras a través de la inversión inteligente en bienes raíces y la gestión efectiva del crédito.

INDICE

Aprende a Vivir en USA. La Guía Completa para Inmigrantes sobre Cómo Vivir en USA y ser Exitoso Copyright© 2024. Vojmir Vladilo. Todos los derechos reservados.

NOTIFICACION

AGRADECIMIENTOS

A mi madre que siempre ha sido mi fan número 1 y que con su amor impulsa todo mi ser

A mi padre que en paz descanse quien me formó con integridad y fortaleza para vencer y lograr todo lo que me propongo

A mi esposa Lennys Molina, quien me ha seguido en mis aventuras, creído en mí y me ha criticado objetivamente.

A mis hijos Ludmila, Ariadna, Vany y Vojmir quienes siempre me han apoyado en mis decisiones y a mis nietas AMELIA, LUCIANA y mis nietos MATHEO y SANTIAGO que me inspiran a dejarles un legado.

A mis hermanas, tíos, primos y amigos

Y a todos esos alumnos, amigos, colegas y clientes que me indicaban que mi conocimiento y experiencia en el tema, debía ser plasmada en un libro y fueron los que me motivaron para hacerlo y así ayudar más a la comunidad hispana que vive o quiere vivir en los Estados Unidos.

Pensamiento

"Dejar atrás lo conocido es el primer paso hacia un futuro lleno de posibilidades; cada nuevo comienzo es una oportunidad para redescubrirse y construir una vida mejor"

Anónimo

PRÓLOGO

En el vibrante y diverso paisaje de Estados Unidos, muchas familias hispanas enfrentan el desafío emocionante y a veces abrumador de construir una vida nueva y próspera. Esta guía, creada por Vojmir Vladilo, se erige como un faro de conocimiento y orientación, diseñado específicamente para ofrecer las herramientas necesarias que faciliten este camino hacia una integración exitosa y una vida plena en este país lleno de oportunidades.

Vojmir Vladilo es un profesional universitario con una vasta experiencia en el campo de las inversiones inmobiliarias. Desde el año 2003, está vinculado con el sector de las inversiones en bienes raíces y es un asesor inmobiliario licenciado en el estado de la Florida desde 2006. Con más de 780 cursos dictados en el área del sistema crediticio americano y las inversiones en propiedades, Vladilo ha dedicado su carrera a educar y empoderar a las comunidades hispanas. Su profundo entendimiento de las necesidades específicas de los inmigrantes, combinado con sus estudios universitarios y sus propias experiencias personales, lo llevaron a crear esta guía. Su objetivo es claro: hacer la vida más fácil para aquellos que viven o desean vivir en este país.

Desde aspectos fundamentales como la educación y la salud, hasta cuestiones cruciales como la planificación financiera, las inversiones y la compra de una primera casa, cada sección de esta guía está meticulosamente elaborada para proporcionar información práctica y consejos expertos. Con más de 50 temas clave, esta obra no solo busca informar, sino también empoderar a las familias hispanas para que tomen decisiones informadas y estratégicas que impacten positivamente en su futuro.

Al ofrecer una combinación única de experiencia y comprensión profunda de las necesidades específicas de los inmigrantes hispanos, Vojmir Vladilo no solo abre puertas al conocimiento, sino que también ofrece un puente hacia una vida más segura, estable y satisfactoria en la tierra de las oportunidades. Esta guía no solo es un recurso invaluable, sino también un testimonio del compromiso de mejorar las vidas y fortalecer las comunidades hispanas en Estados Unidos.

Que este libro sea una brújula fiel y un compañero de confianza en el viaje de cada familia hacia el éxito y la realización en su nueva patria.

INTRODUCCIÓN

Bienvenida a los Estados Unidos

¡Bienvenido a los Estados Unidos! Si estás leyendo este libro, probablemente estés en medio de una emocionante y, a veces, desafiante transición hacia una nueva vida en este país. Mudarse a un nuevo país puede ser una experiencia abrumadora, llena de incertidumbres y expectativas. Esta guía está diseñada para ayudarte a navegar por este nuevo camino, ofreciéndote información útil, consejos prácticos y recursos valiosos que facilitarán tu adaptación y te permitirán aprovechar al máximo las oportunidades que Estados Unidos tiene para ofrecer.

Propósito de esta Guía

El propósito de este libro es proporcionar a las familias hispanas inmigrantes una comprensión completa y práctica de cómo vivir mejor en los Estados Unidos. Cubriremos una amplia gama de temas que son esenciales para tu éxito y bienestar en este país, incluyendo aspectos educativos, de salud, legales, financieros y más. Nuestro objetivo es que te sientas apoyado y capacitado para tomar decisiones informadas en cada paso de tu camino.

Aspectos Cubiertos en esta Guía:

- **Migración:** Información sobre visas, estatus migratorio, naturalización y derechos de los inmigrantes.

- **Educación:** Todo lo que necesitas saber sobre el sistema educativo en los Estados Unidos, desde la inscripción escolar hasta la educación superior.

- **Salud:** Cómo acceder a servicios de salud, elegir un seguro médico adecuado y cuidar de tu bienestar físico y mental.

- **Finanzas y Crédito:** Entender el sistema de crédito, cómo manejar tus finanzas y prepararte para compras importantes.

- **Inversiones y Negocios:** Cómo invertir sabiamente y comenzar tu propio negocio en los Estados Unidos.

- **Aspectos Legales y Comunitarios:** Derechos laborales, participación comunitaria y acceso a recursos locales.

- **Vida Diaria y Cultura:** Adaptación cultural, opciones de vivienda, transporte y actividades recreativas.

- **Preparación para el Futuro:** Planificación financiera, seguros y educación financiera para tus hijos.

- **Bienestar y Calidad de Vida:** Estrategias para manejar el estrés, equilibrar trabajo y vida, y disfrutar de actividades culturales y recreativas.

Cómo Usar este Libro

Este libro está estructurado para ser una guía de referencia fácil de usar, organizada en secciones temáticas que cubren diferentes aspectos de la vida en los Estados Unidos. Puedes leerlo de principio a fin para obtener una visión general completa, o puedes saltar directamente a las secciones que son más relevantes para ti en este momento.

Consejos para Aprovechar al Máximo esta Guía:

1. **Lee con un Propósito:** Identifica las áreas donde necesitas más información o apoyo y comienza por ahí.

2. **Toma Notas:** Utiliza un cuaderno para anotar información importante, recursos útiles y tus propias reflexiones mientras lees.

3. **Busca Recursos Locales:** Muchos temas incluyen enlaces y referencias a organizaciones y recursos que pueden ayudarte. No dudes en contactarlos para obtener asistencia adicional.

4. **Participa en tu Comunidad:** Involúcrate en grupos comunitarios y redes de apoyo que puedan ofrecerte ayuda práctica y emocional durante tu proceso de adaptación.

5. **Comparte el Conocimiento:** Si conoces a otros inmigrantes que podrían beneficiarse de esta información, comparte este libro con ellos y discute juntos los temas importantes.

Reflexiones Iniciales

Mudarse a un nuevo país es un viaje lleno de desafíos y oportunidades. Es natural sentir una mezcla de emociones mientras te adaptas a tu nuevo entorno. Recuerda que no estás solo en este proceso. Hay muchas organizaciones, comunidades y personas dispuestas a ayudarte a tener éxito y a construir una vida próspera en los Estados Unidos.

Este libro es solo el comienzo. A medida que avances, encontrarás tu propio camino y descubrirás nuevas formas de integrarte y prosperar en este país. Te animamos a mantener una mente abierta, ser proactivo y buscar siempre el conocimiento y el apoyo que necesitas.

Bienvenido a tu nueva vida en los Estados Unidos. ¡Estamos aquí para acompañarte en cada paso del camino!

CAPITULO 1: Aspectos Migratorios

1.1 Visas y Tipos de Estatus Migratorio

Tipos de Visas

La primera etapa para vivir legalmente en los Estados Unidos es comprender los diferentes tipos de visas y estatus migratorios disponibles. Las visas se dividen principalmente en dos categorías: no inmigrantes e inmigrantes.

Visas de No Inmigrante: Estas visas son para personas que desean ingresar a los Estados Unidos de manera temporal por razones específicas, como turismo, negocios, estudios, trabajo temporal, etc.

- **Visa de Turista (B-2):** Permite visitar los Estados Unidos por turismo, vacaciones o visitas a familiares por hasta seis meses.

- **Visa de Negocios (B-1):** Para personas que viajan por negocios, reuniones, conferencias o para negociar contratos.

- **Visa de Estudiante (F-1/M-1):** Para estudiar en una institución educativa acreditada. La visa F-1 es para estudios académicos, mientras que la M-1 es para estudios vocacionales.

- **Visa de Intercambio (J-1):** Para programas de intercambio cultural y educativo. Incluye estudiantes, investigadores, y programas de capacitación.

- **Visas de Trabajo Temporal (H, L, O, P, Q):** Varias categorías de visas para trabajar temporalmente en los Estados Unidos en diferentes ocupaciones y campos.

Visas de Inmigrante: Estas visas son para personas que desean residir permanentemente en los Estados Unidos.

- **Visas de Familia:** Para familiares directos de ciudadanos estadounidenses (cónyuges, hijos, padres) y otros familiares cercanos (hermanos, hijos casados).

- **Visas Basadas en Empleo:** Para trabajadores con habilidades excepcionales, profesionales con títulos avanzados, inversionistas y otros trabajadores calificados.

- **Visa de Diversidad (Lotería de Visas):** Un programa que otorga visas a personas de países con bajas tasas de inmigración a los Estados Unidos.

Cómo Aplicar y Renovar

Proceso de Aplicación para Visas de No Inmigrante:

1. **Determinar la Visa Adecuada:** Identifica el tipo de visa que mejor se adapta a tus necesidades.

2. **Completar el Formulario DS-160:** Este es el formulario de solicitud de visa de no inmigrante en línea.

3. **Pagar la Tasa de Solicitud:** Cada visa tiene una tarifa de solicitud que debe pagarse antes de programar la entrevista.

4. **Programar una Entrevista en la Embajada o Consulado:** La mayoría de los solicitantes deben asistir a una entrevista en persona.

5. **Preparar los Documentos Necesarios:** Esto incluye pasaporte válido, foto de visa, recibo de pago de la tarifa, formulario DS-160 confirmado, y cualquier documento de apoyo específico.

6. **Asistir a la Entrevista:** El oficial consular revisará tu solicitud y documentos, y te entrevistará para determinar tu elegibilidad.

Proceso de Aplicación para Visas de Inmigrante:

1. **Petición Aprobada:** Generalmente comienza con una petición aprobada por el Servicio de Ciudadanía e Inmigración de los Estados Unidos (USCIS), presentada por un familiar o empleador.

2. **Completar el Formulario DS-260:** Este es el formulario de solicitud de visa de inmigrante en línea.

3. **Pago de Tasas:** Paga las tasas requeridas para la solicitud.

4. **Preparar los Documentos Necesarios:** Incluye pasaporte válido, fotos de visa, resultados médicos, documentos civiles (acta de nacimiento, matrimonio, etc.), y pruebas de soporte financiero.

5. **Programar y Asistir a una Entrevista:** La entrevista se llevará a cabo en la embajada o consulado de los EE.UU. en tu país de origen.

6. **Recibir la Visa y Prepararse para Viajar:** Si tu visa es aprobada, recibirás tu pasaporte con la visa y un paquete de documentos que debes presentar a los oficiales de inmigración en el puerto de entrada en los EE.UU.

Renovación de Visas:

- **Visas de No Inmigrante:** Algunas visas pueden renovarse desde dentro de los Estados Unidos o en una embajada/consulado de EE.UU. fuera del país. El proceso incluye completar un nuevo DS-160, pagar las tasas correspondientes, y posiblemente asistir a otra entrevista.

- **Visas de Inmigrante:** No se renuevan. En cambio, después de obtener la residencia permanente (tarjeta verde), debes renovarla cada 10 años.

1.2 Proceso de Naturalización

Requisitos para la Ciudadanía

Convertirse en ciudadano estadounidense a través de la naturalización es un proceso que requiere cumplir con ciertos requisitos y seguir pasos específicos.

Requisitos Básicos:

1. **Residencia Permanente:** Debes ser un residente permanente (tener una tarjeta verde) por al menos 5 años (3 años si estás casado con un ciudadano estadounidense).

2. **Residencia Continua y Presencia Física:** Debes haber vivido continuamente en los EE.UU. y estar físicamente presente por al menos 30 meses en los últimos 5 años (18 meses en los últimos 3 años si estás casado con un ciudadano estadounidense).

3. **Buen Carácter Moral:** Debes demostrar buen carácter moral, lo cual generalmente implica no haber cometido ciertos delitos.

4. **Conocimiento del Inglés:** Debes poder leer, escribir y hablar inglés básico.

5. **Conocimiento de la Historia y Gobierno de los EE.UU.:** Debes pasar un examen de civismo que cubre la historia y el gobierno de los EE.UU.

6. **Lealtad a la Constitución:** Debes estar dispuesto a tomar un juramento de lealtad a los EE.UU.

El Examen de Naturalización

El examen de naturalización es una parte crucial del proceso y consta de dos partes: una prueba de inglés y una prueba de civismo.

Prueba de Inglés:

- **Lectura:** Debes leer en voz alta una o dos oraciones en inglés correctamente.

- **Escritura:** Debes escribir una o dos oraciones en inglés correctamente.

- **Habla:** El oficial de USCIS evaluará tu habilidad para hablar inglés durante la entrevista.

Prueba de Civismo:

- **Preguntas de Historia y Gobierno:** Debes responder correctamente al menos 6 de 10 preguntas de un conjunto de 100 posibles preguntas. Las preguntas abarcan temas como la historia de los EE.UU., la estructura del gobierno y derechos y responsabilidades de los ciudadanos.

Proceso de Naturalización

1. **Completar el Formulario N-400:** Este es el formulario de solicitud de naturalización.

2. **Pagar las Tasas de Solicitud:** Hay una tarifa que debe pagarse al presentar tu solicitud.

3. **Asistir a la Cita de Biométricos:** Te tomarán tus huellas dactilares, foto y firma.

4. **Asistir a la Entrevista de Naturalización:** Un oficial de USCIS revisará tu solicitud, te hará preguntas sobre tu solicitud y antecedentes, y administrará las pruebas de inglés y civismo.

5. **Recibir la Decisión:** El oficial de USCIS te informará si tu solicitud ha sido aprobada, denegada o continuada (para obtener más información).

6. **Asistir a la Ceremonia de Juramento:** Si tu solicitud es aprobada, asistirás a una ceremonia donde tomarás el Juramento de Lealtad y recibirás tu certificado de naturalización.

1.3 Derechos y Obligaciones de los Inmigrantes

Derechos Laborales

Los inmigrantes en los Estados Unidos tienen derechos laborales que están protegidos por la ley, independientemente de su estatus migratorio.

Derechos Básicos:

1. **Salario Mínimo y Horas Extras:** Tienes derecho a recibir al menos el salario mínimo federal y pago de horas extras por trabajar más de 40 horas en una semana.

2. **Condiciones de Trabajo Seguras:** Tienes derecho a un lugar de trabajo seguro y libre de peligros reconocidos.

3. **Protección Contra la Discriminación:** No puedes ser discriminado por tu raza, color, religión, sexo, origen nacional, edad, discapacidad o información genética.

4. **Derecho a Organizarse y Negociar Colectivamente:** Tienes el derecho de formar, unirte o apoyar un sindicato y negociar colectivamente.

5. **Protección Contra el Trabajo Infantil:** Hay leyes que protegen a los menores de trabajar en condiciones peligrosas y de trabajar más horas de las permitidas.

Cómo Reportar Abusos:

- **Departamento de Trabajo de EE.UU. (DOL):** Puedes presentar una queja si tus derechos laborales son violados.

- **Occupational Safety and Health Administration (OSHA):** Para reportar condiciones de trabajo inseguras.

- **Equal Employment Opportunity Commission (EEOC):** Para reportar discriminación en el lugar de trabajo.

Derechos Civiles

Como inmigrante, también tienes ciertos derechos civiles que debes conocer para protegerte y vivir en un entorno seguro y justo.

Derechos Básicos:

1. **Derecho a la Igualdad de Trato:** Todas las personas tienen derecho a la protección igualitaria bajo la ley.

2. **Derecho a la Privacidad:** Tienes derecho a la privacidad en tu hogar y correspondencia.

3. **Derecho a un Juicio Justo:** Tienes derecho a un juicio justo y a ser tratado de manera justa por el sistema legal.

4. **Derecho a la Libre Expresión:** Tienes derecho a expresar tus opiniones y creencias.

Obligaciones de los Inmigrantes

Además de los derechos, los inmigrantes también tienen ciertas obligaciones que deben cumplir.

Obligaciones Básicas:

1. **Cumplir con las Leyes:** Debes respetar y cumplir todas las leyes federales, estatales y locales.

2. **Pagar Impuestos:** Estás obligado a pagar impuestos federales, estatales y locales sobre tus ingresos.

3. **Actualizar tu Estatus Migratorio:** Mantén tu estatus migratorio legal y asegúrate de renovar tus documentos a tiempo.

4. **Registrarse para el Servicio Selectivo:** Los hombres de entre 18 y 25 años deben registrarse para el Servicio Selectivo, independientemente de su estatus migratorio.

5. **Informar Cambio de Dirección:** Debes informar cualquier cambio de dirección al Servicio de Ciudadanía e Inmigración de los EE.UU. (USCIS) dentro de los 10 días posteriores a la mudanza.

Esta sección proporciona una base sólida para comprender los aspectos migratorios fundamentales al vivir en los Estados Unidos. Al conocer y cumplir con tus derechos y obligaciones, podrás vivir de manera más segura y exitosa en tu nuevo hogar.

CAPITULO 2

Adaptación Cultural: Cómo Adaptarse a las Costumbres y Tradiciones Estadounidenses

Adaptarse a una nueva cultura puede ser un proceso desafiante y enriquecedor al mismo tiempo. Para los inmigrantes que llegan a los Estados Unidos, entender y adaptarse a las costumbres y tradiciones estadounidenses es esencial para integrarse en la sociedad y sentirse parte de la comunidad. A continuación, se presentan varias áreas clave y estrategias para facilitar esta adaptación cultural.

1. Conocer la Historia y Cultura de los Estados Unidos

Historia y Fundamentos:

- **Historia**: Comprender la historia de los Estados Unidos, desde la colonización y la independencia hasta los eventos modernos, proporciona un contexto valioso para las costumbres y valores actuales.
- **Principios Fundamentales**: Conocer los principios de libertad, democracia y derechos individuales que forman la base del país.

Diversidad Cultural:

- **Diversidad Étnica**: EE. UU. es un país de gran diversidad étnica y cultural, con influencias de inmigrantes de todo el mundo.
- **Celebraciones Multiculturales**: Muchas ciudades celebran festivales y eventos que honran la diversidad cultural.

2. Idioma y Comunicación

Aprender Inglés:

- **Clases de Inglés**: Inscribirse en clases de inglés para mejorar las habilidades lingüísticas y facilitar la comunicación diaria.
- **Práctica Diaria**: Practicar inglés en situaciones cotidianas, como en el trabajo, en la tienda y en actividades sociales.

Diferencias en la Comunicación:

- **Estilo de Comunicación**: Los estadounidenses tienden a ser directos y valoran la franqueza en la comunicación.

- **Lenguaje No Verbal**: Entender el uso de gestos, contacto visual y expresiones faciales en la comunicación.

3. Vida Social y Comunitaria

Establecer Relaciones Sociales:

- **Participar en Actividades Comunitarias**: Unirse a clubes, organizaciones y eventos comunitarios para conocer a otras personas y hacer amigos.

- **Voluntariado**: Participar en actividades de voluntariado es una excelente manera de integrarse y contribuir a la comunidad.

Costumbres Sociales:

- **Saludos y Presentaciones**: Los apretones de manos son comunes en presentaciones formales, mientras que los saludos informales pueden incluir un simple "hola" o "¿cómo estás?".

- **Puntualidad**: Ser puntual es una muestra de respeto en reuniones sociales y profesionales.

4. Fiestas y Tradiciones

Principales Fiestas y Celebraciones:

- **Año Nuevo (New Year's Day)**: Se celebra el 1 de enero. Es un día festivo en el que las personas suelen reunirse con familiares y amigos para celebrar el comienzo del nuevo año con fiestas, fuegos artificiales y resoluciones para el año que comienza.

- **Día de Martin Luther King Jr**. (Martin Luther King Jr. Day): Se celebra el tercer lunes de Enero en honor al cumpleaños del Dr. Martin Luther King Jr., un líder del movimiento por los derechos civiles en Estados Unidos. Es un día para recordar su lucha por la igualdad y la justicia.

- **Día del Presidente (Presidents' Day):** Se celebra el tercer lunes de febrero. Originalmente se estableció para honrar el cumpleaños de George Washington, el primer presidente de Estados Unidos, pero ahora se reconoce a todos los presidentes del país.

- **Día de San Valentín (Valentine's Day):** Se celebra el 14 de febrero. Es un día para expresar amor y cariño a parejas, amigos y familiares. Las personas suelen intercambiar tarjetas, flores, chocolates y otros regalos.

- **Día de los Caídos (Memorial Day):** Se celebra el último lunes de mayo. Es un día para honrar y recordar a los soldados estadounidenses que murieron en combate. Muchas personas visitan cementerios y monumentos para rendir homenaje a los caídos.

- **Día de la Independencia (Independence Day):** Se celebra el 4 de julio. Conmemora la adopción de la Declaración de Independencia en 1776, que proclamó la separación de Estados Unidos del Imperio británico. Se celebra con desfiles, fuegos artificiales y reuniones familiares.

- **Día del Trabajo (Labor Day):** Se celebra el primer lunes de septiembre. Es un día para reconocer las contribuciones de los trabajadores al país. Muchas personas lo celebran con picnics, desfiles y actividades recreativas.

- **Halloween:** Se celebra el 31 de octubre. Es una festividad en la que las personas, especialmente los niños, se disfrazan y van de puerta en puerta pidiendo dulces con la frase "trick or treat" (truco o trato). También se decoran las casas con motivos terroríficos.

- **Día de los Veteranos (Veterans Day):** Se celebra el 11 de noviembre. Es un día para honrar a todos los veteranos que han servido en las Fuerzas Armadas de Estados Unidos. Se realizan desfiles y ceremonias en todo el país.

- **Día de Acción de Gracias (Thanksgiving Day):** Se celebra el cuarto jueves de noviembre. Es un día para dar gracias por las bendiciones recibidas durante el año. Las familias suelen reunirse para compartir una comida tradicional que incluye pavo, puré de papas, salsa de arándanos y pastel de calabaza.

- **Navidad (Christmas Day)**: Se celebra el 25 de diciembre. Es una festividad cristiana que conmemora el nacimiento de Jesucristo. Las personas decoran sus hogares, intercambian regalos y se reúnen con familiares y amigos para celebrar

Celebraciones Regionales:

- **Fiestas Regionales y Estatales**: Cada estado y región puede tener sus propias celebraciones únicas y tradiciones.

5. Vida Familiar y Educación

Valores Familiares:

- **Independencia y Autonomía**: Se valora la independencia individual y la toma de decisiones personales.
- **Educación**: La educación es altamente valorada, y los padres suelen estar muy involucrados en la educación de sus hijos.

Sistema Educativo:

- **Escuelas Públicas y Privadas**: Conocer las opciones de educación para los niños, incluyendo escuelas públicas, privadas y programas extracurriculares.
- **Participación de los Padres**: Los padres son alentados a participar en actividades escolares y mantener una comunicación abierta con los maestros.

6. **Vida Profesional y Laboral**

   Cultura Laboral:

- **Ética de Trabajo**: Los estadounidenses valoran la ética de trabajo, **la puntualidad** y el rendimiento.
- **Ambiente de Trabajo**: La comunicación abierta y el trabajo en equipo son comunes en muchos lugares de trabajo.

Oportunidades de Desarrollo Profesional:

- **Educación Continua**: Participar en cursos y talleres para mejorar habilidades y avanzar en la carrera profesional.

- **Redes de Contacto**: Establecer redes profesionales a través de eventos de la industria, asociaciones profesionales y plataformas en línea como LinkedIn.

7. Manejo de Desafíos y Choques Culturales

Entender y Aceptar las Diferencias:

- **Choque Cultural**: Reconocer que es normal experimentar choque cultural y sentirse abrumado por las diferencias culturales.

- **Paciencia y Persistencia**: Ser paciente y persistente en el proceso de adaptación.

Buscar Apoyo:

- **Grupos de Apoyo para Inmigrantes**: Unirse a grupos y organizaciones que ofrecen apoyo a los inmigrantes.

- **Asesoramiento y Terapia**: Considerar la búsqueda de asesoramiento o terapia para manejar el estrés y las emociones asociadas con la adaptación cultural.

8. Mantener la Identidad Cultural

Celebrar las Propias Tradiciones:

- **Compartir la Cultura**: Compartir las propias costumbres y tradiciones con amigos y vecinos estadounidenses puede enriquecer la experiencia cultural de todos.

- **Eventos Culturales**: Participar en eventos y festivales que celebran la cultura de origen.

Balance entre Adaptación y Identidad:

- **Equilibrio**: Encontrar un equilibrio entre adaptarse a la nueva cultura y mantener la identidad cultural propia.

- **Conexión con la Comunidad**: Mantener la conexión con la comunidad de origen y participar en actividades culturales relacionadas.

Conclusión

Adaptarse a las costumbres y tradiciones estadounidenses es un proceso gradual que requiere tiempo, esfuerzo y apertura. Con una actitud positiva y un enfoque proactivo, los inmigrantes pueden integrarse con éxito en la sociedad estadounidense mientras mantienen y celebran su propia identidad cultural. La adaptación cultural no solo enriquece la vida de los inmigrantes, sino que también contribuye a la diversidad y riqueza cultural del país.

CAPITULO 3:

Derechos como Residente o Ciudadano

1. **Derechos Civiles y Constitucionales**:
   - **Libertades Fundamentales**: Los ciudadanos tienen derechos constitucionales, como la libertad de expresión, religión, prensa y reunión pacífica garantizados por la Primera Enmienda de la Constitución de los Estados Unidos.
   - **Derechos de Privacidad**: Incluyen el derecho a la privacidad en el hogar y frente a registros y allanamientos ilegales (Cuarto y Quinta Enmiendas).
   - **Derecho a un Juicio Justo**: Derecho a un juicio justo y a un abogado si eres acusado de un crimen (Sexta y Octava Enmiendas).
2. **Derechos Laborales**:
   - **Igualdad de Oportunidades**: Protección contra la discriminación en el lugar de trabajo por motivos de raza, color, religión, sexo, origen nacional, edad o discapacidad, bajo la Ley de Derechos Civiles de 1964 y otras leyes federales.
   - **Salarios Justos y Seguridad Laboral**: Derecho al salario mínimo federal, pago de horas extras y un entorno de trabajo seguro, regulado por la Ley de Normas Razonables de Trabajo (FLSA) y la Ley de Seguridad y Salud Ocupacional (OSHA), respectivamente.

3. **Derechos de Vivienda**:
   - **Leyes de Vivienda Justa**: Prohibición de la discriminación en la venta, alquiler y financiamiento de viviendas basada en raza, color, religión, sexo, origen nacional, discapacidad o estado familiar, bajo la Ley de Vivienda Justa.
4. **Derechos de Educación y Servicios Públicos**:
   - **Derecho a la Educación**: Derecho a una educación pública gratuita y equitativa para todos los niños, garantizado por la Ley de Educación para Todos los Niños (IDEA) y otras leyes estatales y locales.
   - **Acceso a Servicios Públicos**: Derecho al acceso equitativo a servicios públicos esenciales, como agua potable, electricidad, transporte público y servicios de emergencia.
5. **Derechos de Inmigración**:
   - **Proceso Legal y Derechos de Debido Proceso**: Derecho a un proceso legal justo y a ser informado de las razones de cualquier detención o deportación, bajo la Quinta Enmienda y otras leyes de inmigración.

Obligaciones como Residente o Ciudadano

1. **Cumplimiento de las Leyes y Regulaciones**:
   - Obligación de cumplir con las leyes federales, estatales y locales, incluidas las regulaciones de tráfico, fiscales y de zonificación.
2. **Pago de Impuestos**:
   - Obligación de presentar declaraciones de impuestos y pagar los impuestos federales, estatales y locales correspondientes a tiempo.
3. **Deberes Cívicos y Participación Democrática**:
   - Obligación de participar en el proceso democrático mediante el registro y la votación en las elecciones locales, estatales y federales.
4. **Respeto a los Derechos de los Demás**:
   - Obligación de respetar los derechos y libertades de los demás, incluido el derecho a la vida, la libertad y la búsqueda de la felicidad.
5. **Servicio a la Comunidad y Participación Activa**:
   - Fomentar la participación cívica mediante el voluntariado y el servicio comunitario para mejorar la calidad de vida en la comunidad.

Recursos para Conocer y Defender tus Derechos

1. **Organizaciones de Derechos Civiles y Derechos Laborales**:
   - **American Civil Liberties Union (ACLU)**: Defiende y protege los derechos civiles y libertades individuales.

- o **Equal Employment Opportunity Commission (EEOC)**: Hace cumplir las leyes federales contra la discriminación en el empleo.

2. **Organizaciones de Defensa de Inmigrantes**:
   - o **National Immigration Law Center (NILC)**: Se enfoca en la política de inmigración y defiende los derechos de los inmigrantes.
3. **Departamentos de Gobierno y Servicios Legales Locales**:
   - o Departamentos locales de trabajo, vivienda, educación y servicios sociales que proporcionan información y asistencia sobre derechos específicos.
4. **Educación Cívica y Programas de Concientización**:
   - o Programas educativos y recursos en línea que enseñan a los ciudadanos sobre sus derechos y responsabilidades cívicas.

Conclusión

Conocer tus derechos y obligaciones como residente o ciudadano en Estados Unidos es esencial para vivir de manera informada y participativa en la sociedad. Al estar consciente de tus derechos, puedes protegerte a ti mismo y a otros contra la discriminación, el abuso y la injusticia, al mismo tiempo que contribuyes positivamente a tu comunidad y al país en general mediante el cumplimiento de tus obligaciones cívicas y legales.

CAPITULO 4:

• Vida Diaria: Consejos prácticos para la vida cotidiana, desde hacer compras hasta socializar

Vivir la vida diaria en Estados Unidos implica navegar por una variedad de actividades y situaciones, desde hacer compras básicas hasta socializar en diferentes contextos. Aquí te proporciono consejos prácticos para la vida cotidiana que pueden ser útiles:

1. Hacer Compras

1. Supermercados y Tiendas:

- **Elección del Supermercado**: Encuentra el supermercado que mejor se adapte a tus necesidades, considerando variedad, precios y cercanía.
- **Comparación de Precios**: Compara precios entre diferentes tiendas para obtener mejores ofertas.
- **Cupones y Ofertas**: Aprovecha cupones, programas de lealtad y ofertas especiales para ahorrar dinero.

2. Compras en Línea:

- **Seguridad en Línea**: Verifica la seguridad de los sitios web antes de realizar compras en línea y utiliza métodos de pago seguros.
- **Políticas de Devolución**: Familiarízate con las políticas de devolución y garantía de productos antes de comprar en línea.

2. Socialización y Vida Social

1. Networking y Eventos Sociales:

- **Grupos de Interés Común**: Únete a grupos o clubes locales que compartan tus intereses para conocer personas afines.
- **Eventos Locales**: Participa en eventos comunitarios, ferias locales o festivales para conectar con otros residentes.

2. Etiqueta Social:

- **Saludos y Presentaciones**: Saluda con un apretón de manos firme y mantén contacto visual durante las conversaciones.
- **Cultura de Conversación**: Sé respetuoso y muestra interés genuino en las personas con las que interactúas.

3. Servicios y Utilidades

1. Servicios Públicos:

- **Contratos y Pagos**: Comprende los contratos de servicios públicos (agua, electricidad, gas) y realiza pagos a tiempo para evitar cortes o penalizaciones.
- **Eficiencia Energética**: Adopta prácticas de eficiencia energética en el hogar para reducir los costos de servicios públicos.

2. Transporte y Movilidad:

- **Planificación de Rutas**: Planifica tus rutas utilizando aplicaciones de navegación para evitar el tráfico y optimizar el tiempo de viaje.
- **Alternativas de Transporte**: Considera opciones como el transporte público, carpooling o bicicletas compartidas para reducir el impacto ambiental y los costos.

4. Salud y Bienestar

1. Atención Médica:

- **Seguro de Salud**: Asegúrate de tener cobertura médica adecuada y comprende los términos de tu seguro de salud para acceder a servicios médicos cuando sea necesario.
- **Médicos de Familia**: Establece relaciones con médicos de familia y realiza chequeos regulares para mantener tu salud.

2. Actividades Recreativas:

- **Parques y Áreas de Recreación**: Explora parques locales, senderos para caminar o áreas de recreación para actividades al aire libre y ejercicio.
- **Eventos Culturales**: Aprovecha eventos culturales como conciertos, exposiciones de arte o teatro para enriquecer tu experiencia cultural.

5. Educación y Desarrollo Personal

1. Oportunidades de Aprendizaje:

- **Cursos y Talleres**: Participa en cursos, talleres o seminarios locales para adquirir nuevas habilidades o desarrollar intereses personales.
- **Bibliotecas y Recursos Educativos**: Utiliza recursos como bibliotecas locales, plataformas en línea y programas educativos para el aprendizaje continuo.

2. Planificación Financiera:

- **Presupuesto Personal**: Crea un presupuesto personal para gestionar tus finanzas, ahorrar e invertir en metas a largo plazo. Recuerda que DEBES CONOCER Y DOMINAR EL SISTEMA CREDITICO AMERICANO, ya que es la base para poder aprovechar el sistema financiero. Conocer del Crédito, Pagar a Tiempo y hacer un Presupuesto, SON LAS CLAVES PARA SER MAS EXITOSO EN USA. No olviden la capacitación que tenemos en cursodecredito.com
- **Planificación para Emergencias**: Establece un fondo de emergencia para cubrir gastos imprevistos y situaciones de crisis financiera, mi recomendación es 6 meses.

Consejos Generales

- **Mantén una Actitud Abierta**: Sé receptivo a nuevas experiencias y culturas para enriquecer tu vida diaria.
- **Respeto y Cortesía**: Respeta las normas culturales y practica la cortesía en todas tus interacciones.
- **Adaptabilidad**: Sé flexible y adapta tus rutinas según las necesidades y cambios en tu entorno.
- **PUNTUALIDAD**: Este tema lo coloco en mayúscula, ya que, para el americano o el sistema, este aspecto es muy, pero muy importante, es más, ellos consideran que, si llegas antes de la hora de la cita o la actividad, es llegar a tiempo y llegar a la hora es llegar tarde. Esto es muy fuerte de entender para nosotros los Hispanos, ya que cuando nos invitan a una hora, muchos llegan después ya que así es en nuestros países. Pero en USA, NO ES ASÍ.

Vivir la vida diaria en Estados Unidos puede ser una experiencia enriquecedora y gratificante, especialmente cuando se aprovechan las numerosas oportunidades y recursos disponibles para mejorar la calidad de vida y la integración en la comunidad local.

CAPITULO 5: Educación

Sistema Educativo en Estados Unidos: Información sobre Escuelas, Universidades y Oportunidades Educativas

El sistema educativo en Estados Unidos es diverso y ofrece una amplia gama de oportunidades para estudiantes de todas las edades y orígenes. Este sistema está compuesto por varios niveles educativos, desde la educación preescolar hasta la educación superior, y cada uno tiene sus propias características y objetivos. A continuación, se presenta una descripción detallada de cada nivel educativo, así como las oportunidades disponibles para los estudiantes.

1. Educación Preescolar (Preschool)

Descripción:

- La educación preescolar está destinada a niños de 3 a 5 años y se enfoca en el desarrollo temprano de habilidades sociales, emocionales y cognitivas.

Tipos de Programas:

- **Head Start**: Un programa federal que ofrece educación preescolar gratuita a familias de bajos ingresos.
- **Preescolares Privados**: Ofrecen programas educativos que varían en enfoque y costo.
- **Programas de la Comunidad**: Muchas comunidades tienen programas preescolares patrocinados por organizaciones locales.

Objetivos:

- Preparar a los niños para la educación formal en la escuela primaria.
- Fomentar habilidades básicas en lectura, matemáticas y desarrollo social.

2. Educación Primaria (Elementary School)

Descripción:

- La educación primaria generalmente cubre desde el kindergarten hasta el quinto grado, dependiendo del distrito escolar.

Currículo:

- Incluye materias básicas como matemáticas, lectura, escritura, ciencias y estudios sociales.

- Programas adicionales en educación física, arte y música.

Objetivos:

- Proveer una base sólida en habilidades académicas fundamentales.

- Desarrollar habilidades sociales y emocionales en un entorno estructurado.

3. Educación Secundaria (Middle School y High School)

Middle School:

- Cubre generalmente los grados 6 a 8.

- Los estudiantes comienzan a explorar diferentes materias y actividades extracurriculares.

- Fomenta la transición de la educación primaria a un ambiente más estructurado y específico en términos de asignaturas.

High School:

- Cubre los grados 9 a 12.

- Ofrece un currículo más amplio y diversificado que incluye matemáticas avanzadas, ciencias, literatura, historia, y una variedad de materias optativas.

- Los estudiantes pueden participar en actividades extracurriculares como deportes, clubes y organizaciones estudiantiles.

Diplomas y Certificaciones:

- **Diploma de High School**: Requisito para la mayoría de las oportunidades de educación superior y empleo.

- **Advanced Placement (AP)**: Cursos y exámenes que permiten a los estudiantes obtener créditos universitarios.

- **General Educational Development (GED)** Para aquellos que no completaron la High School en Estados Unidos, existe la opción de obtener un GED, que es un equivalente al diploma de High School. El GED se obtiene al pasar una serie de exámenes que evalúan conocimientos en áreas clave.

- Si tienes un título de bachillerato de otro país y deseas que sea reconocido en Estados Unidos, puedes seguir un proceso de evaluación de credenciales para determinar su equivalencia con el sistema educativo estadounidense. Existen Instituciones Públicas y Privadas que realizan esas evaluaciones.

Objetivos:

- Preparar a los estudiantes para la educación superior o el ingreso al mercado laboral.
- Fomentar el desarrollo personal y profesional.

4. Educación Superior (Universidades y Colleges)

Tipos de Instituciones:

- **Community Colleges**: Ofrecen programas de dos años que conducen a un título de asociado (Associate's Degree) y opciones para transferirse a universidades de cuatro años.
- **Universidades Estatales**: Instituciones públicas que ofrecen una amplia gama de programas de licenciatura (Bachelor's Degree), maestría (Master's Degree) y doctorado (PhD).
- **Universidades Privadas**: Instituciones independientes que ofrecen programas similares a las universidades estatales, a menudo con un enfoque específico o religioso.

Programas Académicos:

- **Associate's Degree**: Programas de dos años ofrecidos por community colleges.
- **Bachelor's Degree**: Programas de cuatro años que incluyen educación general y cursos especializados en una disciplina.
- **Graduate Degrees**: Incluyen maestrías y doctorados en diversas disciplinas.

Admisión y Financiamiento:

- **Proceso de Admisión**: Varía según la institución; generalmente incluye la presentación de solicitudes, expedientes académicos, cartas de recomendación y exámenes estandarizados como el SAT o ACT.

- **Ayuda Financiera**: Incluye becas, subvenciones, préstamos estudiantiles y programas de trabajo-estudio. La **FAFSA (Free Application for Federal Student Aid)** es el formulario utilizado para determinar la elegibilidad para la ayuda federal.

Objetivos:

- Proveer educación especializada y profesional.
- Preparar a los estudiantes para carreras específicas o estudios avanzados.

5. Educación Técnica y Vocacional

Instituciones y Programas:

- **Escuelas Técnicas y Vocacionales**: Ofrecen programas que preparan a los estudiantes para carreras técnicas y profesionales en campos como la salud, la tecnología, la mecánica y las artes culinarias.
- **Certificaciones Profesionales**: Programas de corta duración que proporcionan formación específica y certificaciones en áreas técnicas.

Objetivos:

- Proveer habilidades y formación práctica para el ingreso inmediato al mercado laboral.
- Ofrecer opciones de carrera alternativas a la educación universitaria tradicional.

6. Educación Continua y para Adultos

Descripción:

- Programas diseñados para adultos que desean completar su educación, adquirir nuevas habilidades o cambiar de carrera.

Tipos de Programas:

- **GED (General Educational Development)**: Exámenes que permiten a los adultos obtener el equivalente a un diploma de high school.
- **Clases de Educación para Adultos**: Ofrecidas por community colleges y organizaciones comunitarias, incluyen inglés como segundo idioma (ESL), habilidades laborales y desarrollo personal.

Objetivos:

- Proveer oportunidades educativas a adultos que no completaron su educación formal.

- Fomentar el aprendizaje a lo largo de toda la vida.

7. Oportunidades Educativas para Estudiantes Internacionales

Admisión y Requisitos:

- **Visas de Estudiante**: Los estudiantes internacionales necesitan una visa de estudiante (F-1) para estudiar en EE. UU.

- **Pruebas de Idioma**: Generalmente se requiere la prueba TOEFL (Test of English as a Foreign Language) o IELTS (International English Language Testing System).

Programas y Apoyo:

- **Programas de Intercambio**: Ofrecen oportunidades para estudiar en EE. UU. por un semestre o año académico.

- **Oficinas de Estudiantes Internacionales**: Proveen apoyo en temas de visa, adaptación cultural y servicios académicos.

Objetivos:

- Facilitar la integración de estudiantes internacionales en el sistema educativo estadounidense.

- Proveer una experiencia educativa enriquecedora y diversa.

Cómo Aplicar a Universidades

El sistema de educación superior en los Estados Unidos ofrece una amplia gama de opciones para los estudiantes. Ya sea que desees asistir a una universidad comunitaria, una universidad pública o privada, es importante entender el proceso de solicitud.

1. Investigación de Universidades:

- **Factores a Considerar:** Programa académico, ubicación, tamaño de la institución, costo y disponibilidad de ayudas financieras.

- **Visitas y Ferias Universitarias:** Participa en visitas a universidades y ferias educativas para obtener información directa y conocer el campus.

2. Requisitos de Admisión:

- **Expediente Académico:** Buen rendimiento académico en la escuela secundaria.

- **Pruebas Estandarizadas:** SAT o ACT, y en algunos casos, pruebas adicionales como el TOEFL para estudiantes internacionales.

- **Cartas de Recomendación:** De maestros, consejeros o empleadores.

- **Ensayos Personales:** Responder preguntas específicas que reflejen tu personalidad, intereses y objetivos.

3. Proceso de Solicitud:

- **Completar la Solicitud:** La mayoría de las universidades usan el Common Application, pero algunas tienen sus propios formularios.

- **Enviar Documentos Requeridos:** Expediente académico, resultados de exámenes, cartas de recomendación y ensayos.

- **Pagar la Tarifa de Solicitud:** Algunas universidades ofrecen exenciones de tarifas para estudiantes que no pueden pagar.

4. Entrevistas y Visitas:

- **Entrevistas de Admisión:** Algunas universidades pueden requerir una entrevista como parte del proceso de admisión.

- **Visitas al Campus:** Si es posible, visita el campus para conocer mejor la institución.

Opciones de Becas y Ayudas Financieras

El costo de la educación superior en los Estados Unidos puede ser elevado, pero hay muchas opciones de becas y ayudas financieras disponibles para los estudiantes.

1. Tipos de Ayuda Financiera:

- **Becas:** Basadas en méritos académicos, deportivos, artísticos, o necesidades financieras.

- **Subvenciones:** Fondos que no requieren reembolso, otorgados por el gobierno, universidades y organizaciones privadas.

- **Préstamos Estudiantiles:** Dinero prestado que debe ser devuelto con intereses.

- **Programas de Estudio y Trabajo:** Empleos dentro del campus que permiten ganar dinero mientras estudias.

2. Solicitar Ayuda Financiera:

- **FAFSA (Free Application for Federal Student Aid):** Completar el formulario FAFSA es esencial para acceder a ayudas financieras federales y estatales.

- **CSS Profile:** Algunas universidades requieren este formulario para otorgar ayudas institucionales.

- **Solicitudes de Becas Individuales:** Investigar y aplicar a becas ofrecidas por diferentes organizaciones y fundaciones.

3. Programas de Becas Específicas:

- **Becas del Gobierno:** Como las becas Pell, que se otorgan a estudiantes de bajos ingresos.

- **Becas de Universidades:** Muchas universidades ofrecen sus propias becas basadas en méritos y necesidades.

- **Becas de Organizaciones Privadas:** Muchas organizaciones, empresas y fundaciones ofrecen becas para estudiantes de diversas áreas y orígenes.

Apoyo Escolar y Recursos

Programas de Apoyo

Las escuelas en los Estados Unidos ofrecen diversos programas de apoyo para ayudar a los estudiantes a tener éxito académico y personal.

1. Tutorías:

- **Tutorías Dentro de la Escuela:** Muchas escuelas ofrecen programas de tutoría gratuita para estudiantes que necesitan ayuda adicional en sus estudios.

- **Tutorías Externas:** Organizaciones comunitarias y empresas privadas también ofrecen servicios de tutoría, algunos de los cuales pueden ser gratuitos o de bajo costo.

2. Programas de Educación Especial:

- **Planes Individualizados de Educación (IEP):** Para estudiantes con discapacidades, que proporcionan apoyo y servicios personalizados.

- **Sección 504:** Planes para estudiantes con discapacidades que no califican para un IEP pero que aún necesitan adaptaciones especiales.

3. Programas de Inglés como Segundo Idioma (ESL):

- **Clases de ESL:** Programas dentro de las escuelas para estudiantes que están aprendiendo inglés.

- **Apoyo Bilingüe:** En algunas escuelas, hay personal y materiales disponibles en español para ayudar a los estudiantes que están aprendiendo inglés.

Recursos para Estudiantes y Familias

1. Consejería Académica y Personal:

- **Consejeros Escolares:** Ayudan con la planificación académica, el desarrollo personal y la preparación para la universidad.

- **Psicólogos Escolares:** Proporcionan apoyo emocional y psicológico a los estudiantes.

2. Recursos en Línea:

- **Portales Educativos:** Sitios web y aplicaciones que ofrecen materiales educativos, tutorías en línea y herramientas para el estudio.

- **Bibliotecas Digitales:** Acceso a libros, artículos y recursos educativos en línea.

3. Participación de los Padres:

- **Reuniones y Conferencias:** Participa en reuniones de padres y maestros para estar al tanto del progreso académico de tus hijos.

- **Voluntariado:** Involúcrate en actividades escolares y eventos comunitarios.

Inscripción Escolar

Documentos Necesarios

Para inscribir a tus hijos en una escuela en los Estados Unidos, necesitarás proporcionar ciertos documentos. Estos pueden variar según el estado y el distrito escolar, pero generalmente incluyen:

1. Prueba de Edad y Nombre Legal:

- **Acta de Nacimiento:** Original o copia certificada.

- **Pasaporte:** Puede ser aceptado en algunos casos.

2. Prueba de Residencia:

- **Contrato de Alquiler o Escritura de Propiedad:** Documento que muestre que vives en el área del distrito escolar.

- **Facturas de Servicios Públicos:** Factura reciente de electricidad, agua o gas a tu nombre.

3. Registros de Vacunación:

- **Historial de Inmunización:** Documento que muestra que el estudiante ha recibido las vacunas requeridas.

4. Registros Escolares Anteriores:

- **Transcripciones:** Historial académico de la escuela anterior.

- **Certificados de Transferencia:** Si el estudiante se está trasladando de otra escuela.

Proceso de Inscripción

1. Visitar la Oficina del Distrito Escolar:

- **Obtener Información:** Recibe información sobre las escuelas disponibles y los requisitos de inscripción.

- **Formulario de Inscripción:** Completa el formulario de inscripción que te proporcionen.

2. Completar la Inscripción:

- **Entregar Documentos:** Presenta todos los documentos requeridos.

- **Evaluaciones Iniciales:** En algunos casos, el estudiante puede necesitar completar evaluaciones académicas o de idioma.

3. Asignación a una Escuela:

- **Determinación del Lugar:** El distrito escolar asignará a tu hijo a una escuela específica basada en tu lugar de residencia.

- **Recibir Información:** Obtén detalles sobre la escuela asignada, incluyendo horarios, transporte y contacto con maestros.

4. Orientación y Primer Día:

- **Orientación Escolar:** Algunas escuelas ofrecen programas de orientación para nuevos estudiantes y sus familias.

- **Materiales y Uniformes:** Asegúrate de tener todos los materiales escolares y uniformes requeridos antes del primer día de clases.

Apoyo Escolar y Recursos

Programas de Apoyo

1. Tutorías:

- **Tutorías Dentro de la Escuela:** Muchas escuelas ofrecen programas de tutoría gratuita para estudiantes que necesitan ayuda adicional en sus estudios.

- **Tutorías Externas:** Organizaciones comunitarias y empresas privadas también ofrecen servicios de tutoría, algunos de los cuales pueden ser gratuitos o de bajo costo.

2. Programas de Educación Especial:

- **Planes Individualizados de Educación (IEP):** Para estudiantes con discapacidades, que proporcionan apoyo y servicios personalizados.

- **Sección 504:** Planes para estudiantes con discapacidades que no califican para un IEP pero que aún necesitan adaptaciones especiales.

3. Programas de Inglés como Segundo Idioma (ESL):

- **Clases de ESL:** Programas dentro de las escuelas para estudiantes que están aprendiendo inglés.

- **Apoyo Bilingüe:** En algunas escuelas, hay personal y materiales disponibles en español para ayudar a los estudiantes que están aprendiendo inglés.

CAPITULO 6: Salud

Derechos de los Pacientes

Derechos Fundamentales

En los Estados Unidos, los pacientes tienen ciertos derechos fundamentales que están protegidos por la ley. Conocer estos derechos puede ayudar a los inmigrantes hispanos a obtener la atención médica que necesitan y a protegerse contra abusos.

1. Derecho a Información Completa:

- **Acceso a la Información Médica:** Los pacientes tienen derecho a obtener información clara y completa sobre su condición de salud, los tratamientos recomendados y los riesgos asociados.

- **Segunda Opinión:** Tienes derecho a buscar una segunda opinión sobre tu diagnóstico o tratamiento.

2. Derecho a la Privacidad:

- **Confidencialidad:** Los proveedores de atención médica deben proteger la privacidad de tu información médica. La Ley de Portabilidad y Responsabilidad de Seguros de Salud (HIPAA) garantiza este derecho.

- **Acceso a Expedientes Médicos:** Tienes derecho a acceder a tus propios expedientes médicos y a obtener copias de ellos.

3. Derecho a la Autonomía:

- **Consentimiento Informado:** Antes de recibir cualquier tratamiento, tienes derecho a ser informado sobre tus opciones y a dar tu consentimiento informado.

- **Derecho a Rechazar Tratamiento:** Puedes rechazar cualquier tratamiento o procedimiento, incluso si ha sido recomendado por tu médico.

4. Derecho a la Atención de Emergencia:

- **Tratamiento de Emergencia:** En una situación de emergencia, tienes derecho a recibir tratamiento médico urgente sin importar tu capacidad de pago o tu estatus migratorio.

5. Derecho a No Ser Discriminado:

- **Igualdad de Trato:** No puedes ser discriminado en la atención médica debido a tu raza, color, origen nacional, sexo, discapacidad, religión o edad.

Cómo Defender tus Derechos

1. Comunicarte Claramente:

- **Haz Preguntas:** Si no entiendes algo sobre tu tratamiento o diagnóstico, pregunta a tu médico hasta que te quede claro.

- **Usa un Intérprete:** Si no hablas inglés con fluidez, tienes derecho a solicitar un intérprete para entender mejor la información médica.

2. Conocer tus Derechos:

- **Educación:** Infórmate sobre tus derechos como paciente. Muchas organizaciones de salud y defensoría del paciente ofrecen recursos educativos en español.

- **Documentación:** Guarda copias de todos los documentos relacionados con tu atención médica, incluyendo facturas, registros médicos y comunicaciones con los proveedores de atención médica.

3. Presentar Quejas:

- **Línea de Quejas del Hospital:** Muchos hospitales tienen un departamento de relaciones con los pacientes donde puedes presentar quejas sobre tu atención.

- **Organizaciones de Derechos del Paciente:** Puedes contactar a organizaciones que defienden los derechos de los pacientes para obtener ayuda y asesoramiento.

Salud Mental y Bienestar

Importancia de la Salud Mental

La salud mental es un componente crucial del bienestar general. Para las familias inmigrantes hispanas, adaptarse a una nueva cultura y enfrentar los desafíos de la migración puede afectar significativamente la salud mental.

1. Estrés y Ansiedad:

- **Causas:** Adaptación cultural, separación de la familia, inseguridad económica y preocupaciones sobre el estatus migratorio.

- **Síntomas:** Dificultad para dormir, irritabilidad, problemas de concentración y sensación de estar abrumado.

2. Depresión:

- **Causas:** Sentimientos de aislamiento, duelo por la pérdida de la vida anterior, y falta de apoyo social.

- **Síntomas:** Tristeza persistente, pérdida de interés en actividades, cambios en el apetito y en el peso, y pensamientos de autolesión o suicidio.

3. Trauma:

- **Causas:** Experiencias traumáticas previas a la migración, como violencia o persecución, y el proceso de migración en sí mismo.

- **Síntomas:** Flashbacks, pesadillas, hipervigilancia y dificultad para confiar en los demás.

Recursos y Apoyo

1. Servicios de Salud Mental:

- **Terapeutas y Consejeros:** Profesionales capacitados que pueden ofrecer apoyo emocional y técnicas de manejo del estrés.

- **Psiquiatras:** Médicos que pueden diagnosticar y tratar condiciones de salud mental con medicamentos si es necesario.

2. Organizaciones Comunitarias:

- **Grupos de Apoyo:** Espacios donde puedes compartir tus experiencias y recibir apoyo de personas que enfrentan situaciones similares.

- **Centros Comunitarios:** Ofrecen programas y recursos para el bienestar mental y emocional.

3. Recursos en Línea:

- **Aplicaciones de Salud Mental:** Aplicaciones móviles que ofrecen técnicas de relajación, meditación y manejo del estrés.

- **Líneas de Ayuda:** Servicios telefónicos y en línea que proporcionan apoyo emocional inmediato y pueden conectarte con recursos adicionales.

4. Cuidado Personal:

- **Hábitos Saludables:** Mantén una dieta equilibrada, haz ejercicio regularmente y asegúrate de dormir lo suficiente.

- **Tiempo para ti:** Dedica tiempo a actividades que disfrutes y que te relajen.

- **Red de Apoyo:** Mantén conexiones con amigos y familiares, incluso si están lejos, y busca nuevas amistades en tu comunidad.

Seguro de Salud

Importancia del Seguro de Salud

Tener un seguro de salud es fundamental para acceder a servicios médicos de calidad y protegerte contra altos costos médicos. En los Estados Unidos, existen varias opciones de seguro de salud que pueden ser útiles para las familias inmigrantes hispanas.

1. Tipos de Seguros de Salud:

- **Seguro Privado:** Proporcionado a través del empleador o adquirido de manera individual. Puede incluir planes HMO, PPO y EPO.

- **Seguro Público:** Programas financiados por el gobierno como Medicaid, Medicare y el Programa de Seguro de Salud Infantil (CHIP).

- **Planes del Mercado de Seguros:** A través del Health Insurance Marketplace, donde puedes comparar y comprar planes de salud, a menudo con subsidios para reducir el costo.

Cómo Obtener Seguro de Salud

1. A través del Empleador:

- **Planes Grupales:** Muchos empleadores ofrecen seguros de salud a sus empleados y sus familias. Asegúrate de revisar los beneficios y costos del plan ofrecido.

2. Seguro Público:

- **Medicaid:** Programa para personas de bajos ingresos. La elegibilidad varía según el estado y el estatus migratorio.

- **Medicare:** Para personas mayores de 65 años y algunas personas con discapacidades.

- **CHIP:** Programa para niños en familias de ingresos moderados que no califican para Medicaid.

3. A través del Mercado de Seguros:

- **Health Insurance Marketplace:** Durante el periodo de inscripción abierta, puedes comparar y comprar planes de salud en línea.
- **Subsidios y Créditos:** Basados en tus ingresos, puedes calificar para subsidios que reduzcan las primas mensuales y los costos compartidos.

Proceso de Inscripción

1. Recolectar Información:

- **Datos Personales:** Nombres, fechas de nacimiento y números de Seguro Social de los miembros del hogar.
- **Información Financiera:** Ingresos del hogar, declaraciones de impuestos y cualquier otra fuente de ingresos.

2. Completar la Solicitud:

- **En Línea o en Papel:** Puedes completar la solicitud en línea a través del Marketplace, en papel o por teléfono.
- **Documentación de Apoyo:** Proporciona la documentación necesaria para verificar tu identidad, ingresos y estatus migratorio.

3. Elegir un Plan:

- **Comparar Opciones:** Revisa las coberturas, costos y proveedores disponibles en cada plan.
- **Tomar una Decisión:** Selecciona el plan que mejor se ajuste a tus necesidades y presupuesto.

4. Inscripción y Pago:

- **Completar la Inscripción:** Una vez que elijas un plan, completa el proceso de inscripción.
- **Pagar la Prima:** Asegúrate de pagar la prima mensual para mantener tu cobertura activa.

Mantener y Usar tu Seguro de Salud

1. Mantener la Cobertura:

- **Pagos Puntuales:** Paga tus primas a tiempo cada mes para evitar la cancelación de tu seguro.

- **Actualizar Información:** Informa cualquier cambio en tus ingresos o tamaño del hogar para mantener la cobertura adecuada y los subsidios.

2. Usar los Servicios:

- **Red de Proveedores:** Utiliza proveedores dentro de la red de tu plan para maximizar los beneficios y reducir costos.

- **Atención Preventiva:** Aprovecha los servicios preventivos cubiertos, como chequeos anuales y vacunas.

- **Conocer tus Beneficios:** Familiarízate con los beneficios de tu plan y cómo acceder a ellos, incluyendo visitas a especialistas, urgencias y medicamentos recetados.

Estas secciones proporcionan una guía completa para las familias inmigrantes hispanas sobre cómo navegar el sistema de salud en los Estados Unidos, protegiendo su bienestar y accediendo a los recursos necesarios para vivir de manera saludable y segura.

CAPITULO 7: Finanzas e Inversiones

Cómo Crear y Mantener un Presupuesto

Importancia de un Presupuesto

Un presupuesto es una herramienta esencial para gestionar tus finanzas y asegurar la estabilidad económica de tu familia. Te permite controlar tus ingresos y gastos, ahorrar para el futuro y evitar deudas innecesarias.

1. Control de Gastos:

- **Identificar Gastos Innecesarios:** Un presupuesto te ayuda a ver dónde estás gastando dinero y a eliminar gastos innecesarios.

- **Priorizar Necesidades:** Te permite asignar fondos primero a las necesidades básicas antes de gastar en lujos.

2. Ahorro:

- **Fondo de Emergencia:** Un presupuesto bien planificado incluye ahorros para emergencias inesperadas.

- **Metas Financieras:** Te ayuda a ahorrar para metas a corto y largo plazo, como la compra de una casa o la educación de tus hijos.

3. Evitar Deudas:

- **Gasto Responsable:** Al seguir un presupuesto, evitas gastar más de lo que ganas, reduciendo así la necesidad de usar tarjetas de crédito o préstamos.

Pasos para Crear un Presupuesto

1. Identificar Ingresos:

- **Ingresos Netos:** Calcula tus ingresos mensuales después de impuestos. Incluye salarios, pensiones, beneficios y cualquier otra fuente de ingresos.

- **Ingresos Variables:** Si tienes ingresos variables, estima un promedio mensual basándote en tus ingresos pasados.

2. Listar Gastos:

- **Gastos Fijos:** Alquiler o hipoteca, servicios públicos, seguros, pagos de automóvil, y otros pagos regulares.

- **Gastos Variables:** Comida, transporte, entretenimiento, y otros gastos que pueden variar cada mes.

- **Gastos No Periódicos:** Gastos que no ocurren todos los meses, como el mantenimiento del automóvil, regalos, o vacaciones.

3. Categorizar Gastos:

- **Necesidades:** Gastos esenciales que no puedes evitar.

- **Deseos:** Gastos que son opcionales y se pueden reducir o eliminar si es necesario.

4. Establecer Límites de Gasto:

- **Asignar Fondos:** Asigna un monto específico para cada categoría de gastos, asegurándote de que no excedas tus ingresos totales.

- **Ajustes:** Revisa y ajusta tu presupuesto si notas que no puedes cubrir todas tus necesidades básicas.

5. Monitorear y Ajustar:

- **Registro de Gastos:** Lleva un registro de todos tus gastos para asegurarte de que estás cumpliendo con tu presupuesto.

- **Revisión Mensual:** Revisa tu presupuesto cada mes y ajusta según sea necesario para reflejar cambios en tus ingresos o gastos.

Herramientas para Gestionar un Presupuesto

1. Aplicaciones de Presupuesto:

- **Mint, YNAB (You Need A Budget), PocketGuard:** Aplicaciones que te ayudan a rastrear tus ingresos y gastos y te proporcionan reportes visuales.

2. Hojas de Cálculo:

- **Plantillas de Excel o Google Sheets:** Utiliza hojas de cálculo para crear y mantener tu presupuesto manualmente.

3. Métodos Tradicionales:

- **Sistema de Sobres:** Usa sobres de efectivo para diferentes categorías de gasto. Una vez que el dinero del sobre se acaba, no puedes gastar más en esa categoría.

4. Servicios de Asesoría Financiera:

- **Consejeros Financieros:** Profesionales que pueden ayudarte a crear un presupuesto y ofrecer consejos para manejar tus finanzas.

Cómo Invertir en el Mercado de Valores

Conceptos Básicos de Inversión

Invertir en el mercado de valores puede ser una excelente manera de hacer crecer tu patrimonio a largo plazo. Es importante entender los conceptos básicos antes de comenzar a invertir.

1. Tipos de Activos:

- **Acciones:** Participación en la propiedad de una empresa. Las acciones pueden subir o bajar de valor y a veces pagan dividendos.

- **Bonos:** Préstamos a empresas o gobiernos que pagan intereses. Los bonos suelen ser menos riesgosos que las acciones.

- **Fondos Mutuos:** Vehículos de inversión que agrupan dinero de muchos inversores para comprar una cartera diversificada de acciones y/o bonos.

- **ETFs (Exchange-Traded Funds):** Fondos que se negocian en la bolsa de valores como acciones y que generalmente replican el rendimiento de un índice de mercado.

2. Riesgo y Retorno:

- **Riesgo:** La posibilidad de perder dinero en una inversión. Las inversiones con mayor potencial de retorno generalmente tienen un mayor riesgo.

- **Retorno:** La ganancia o pérdida que se obtiene de una inversión. Puede ser a través de apreciación del capital (aumento en el valor de la inversión) o ingresos (dividendos o intereses).

3. Diversificación:

- **Distribuir Riesgos:** Invertir en una variedad de activos para reducir el riesgo. La diversificación puede ayudar a proteger tu cartera contra la volatilidad del mercado.

Estrategias de Inversión

1. Inversión a Largo Plazo:

- **Compra y Mantén:** Comprar activos y mantenerlos durante muchos años, independientemente de las fluctuaciones del mercado a corto plazo.

- **Compounding:** Reinvertir las ganancias para generar más rendimientos con el tiempo.

2. Inversión de Crecimiento:

- **Acciones de Crecimiento:** Invertir en empresas que se espera que crezcan rápidamente y aumenten en valor.

- **Riesgo Más Alto:** Estas inversiones pueden ser más volátiles pero tienen el potencial de altos retornos.

3. Inversión de Valor:

- **Acciones de Valor:** Buscar y comprar acciones que se consideran infravaloradas por el mercado.

- **Análisis Fundamental:** Evaluar las finanzas y la salud general de una empresa para determinar su valor real.

4. Inversión de Ingresos:

- **Dividendo:** Invertir en acciones que pagan dividendos regulares.

- **Bonos de Ingreso:** Invertir en bonos que pagan intereses regulares.

Cómo Empezar a Invertir

1. Abrir una Cuenta de Inversión:

- **Corredores en Línea:** Plataformas como Robinhood, E*TRADE y TD Ameritrade que permiten a los individuos comprar y vender inversiones.

- **Asesores Robo:** Servicios automatizados que gestionan tu cartera de inversiones por una tarifa baja.

2. Establecer Objetivos Financieros:

- **A corto plazo:** Metas que deseas alcanzar en menos de 5 años.

- **A largo plazo:** Metas que deseas alcanzar en 10, 20 años o más, como la jubilación.

3. Crear un Plan de Inversión:

- **Horizonte de Tiempo:** El tiempo que planeas mantener tus inversiones.

- **Tolerancia al Riesgo:** Tu capacidad y disposición para asumir riesgos en tus inversiones.

4. Educación Continua:

- **Lectura y Cursos:** Aprovecha libros, artículos y cursos sobre inversiones.

- **Asesoría Profesional:** Consulta con asesores financieros para obtener consejos y orientación personalizados.

Planificación para la Jubilación

Importancia de la Planificación para la Jubilación

Planificar para la jubilación es crucial para asegurar que puedas mantener tu calidad de vida cuando ya no estés trabajando. Es importante empezar a planificar y ahorrar lo antes posible.

1. Seguridad Financiera:

- **Ingresos Estables:** Asegura una fuente de ingresos estables cuando ya no puedas trabajar.

- **Protección Contra la Inflación:** Planifica para que tus ahorros crezcan con el tiempo y no se vean erosionados por la inflación.

2. Independencia:

- **Autonomía:** Asegura que no dependerás financieramente de otros durante tu jubilación.

Herramientas de Ahorro para la Jubilación

1. Planes de Jubilación Patrocinados por el Empleador:

- **401(k):** Plan de ahorro patrocinado por el empleador que permite contribuir una parte de tu salario antes de impuestos.

- **403(b):** Similar al 401(k), pero disponible para empleados de organizaciones sin fines de lucro y ciertas instituciones educativas.

2. Cuentas Individuales de Jubilación (IRA):

- **IRA Tradicional:** Contribuciones deducibles de impuestos, pero pagas impuestos sobre los retiros.

- **Roth IRA:** Contribuciones no deducibles de impuestos, pero retiros libres de impuestos si se cumplen ciertos requisitos.

3. Planes de Ahorro Automático:

- **Deducciones Automáticas:** Configura deducciones automáticas de tu cuenta bancaria a tus cuentas de ahorro para la jubilación.

Estrategias de Inversión para la Jubilación

1. Diversificación:

- **Cartera Diversificada:** Invertir en una mezcla de acciones, bonos y otros activos para reducir el riesgo.

- **Rebalanceo Regular:** Ajusta tu cartera periódicamente para mantener la asignación de activos deseada.

2. Inversión a Largo Plazo:

- **Paciencia:** Mantén tus inversiones a lo largo del tiempo para aprovechar el crecimiento compuesto.

- **Evitación de Pánico:** Evita vender en tiempos de volatilidad del mercado.

3. Ajustes según la Edad:

- **Más Riesgo en la Juventud:** Cuando eres joven, puedes asumir más riesgo en tus inversiones.

- **Menos Riesgo al Envejecer:** A medida que te acercas a la jubilación, reduce el riesgo para proteger tus ahorros.

Calcular tus Necesidades para la Jubilación

1. Estimar Gastos:

- **Costos de Vida:** Calcula tus gastos mensuales actuales y ajusta para la inflación.

- **Gastos Médicos:** Considera posibles gastos médicos y de cuidado a largo plazo.

2. Estimar Ingresos:

- **Seguridad Social:** Determina cuánto recibirás en beneficios del Seguro Social.

- **Pensiones:** Incluye cualquier ingreso de pensiones o anuidades.

3. Ahorros Necesarios:

- **Objetivo de Ahorro:** Calcula cuánto necesitas ahorrar para cubrir la diferencia entre tus gastos estimados y tus ingresos previstos.

- **Tasa de Retiro Seguro:** Generalmente, se sugiere una tasa de retiro del 4% de tus ahorros por año.

Comprando tu Primera Casa

Preparación para Comprar una Casa

Comprar una casa es una de las inversiones más importantes que puedes hacer. Es crucial estar bien preparado para este proceso.

1. Evaluar tu Situación Financiera:

- **Ingresos Estables:** Asegúrate de tener un ingreso estable para cubrir los pagos hipotecarios.

- **Historial de Crédito:** Revisa tu puntaje de crédito y, si es necesario, trabaja para mejorarlo.

2. Ahorro para el Pago Inicial:

- **Porcentaje Recomendado:** Ahorra al menos un 20% del precio de la casa para el pago inicial, aunque hay programas que permiten pagos iniciales más bajos.

- **Costos Adicionales:** Considera otros costos iniciales, como los costos de cierre, que pueden sumar entre el 2% y el 5% del precio de compra.

Proceso de Compra de una Casa

1. Preaprobación Hipotecaria:

- **Solicitud:** Completa una solicitud de preaprobación con un prestamista para determinar cuánto puedes pedir prestado.

- **Documentación:** Proporciona documentación de tus ingresos, activos y deudas.

2. Búsqueda de Casa:

- **Agente Inmobiliario:** Contrata a un agente inmobiliario para ayudarte a encontrar casas que cumplan con tus necesidades y presupuesto, LES RECUERDO que esa es mi actividad laboral a la que estoy dedicado desde el año 2003, para consultas comuníquense por info@vojmirvladilo.com o en vojmirvladilo.com (disculpen la propaganda)

- **Lista de Deseos:** Define lo que buscas en una casa, incluyendo ubicación, tamaño, y características.

3. Hacer una Oferta:

- **Comparación de Precios:** Compara precios de casas similares en la misma área para hacer una oferta razonable.

- **Negociación:** Trabaja con tu agente para negociar el precio y las condiciones de la compra.

4. Inspección y Evaluación:

- **Inspección de la Casa:** Contrata a un inspector para evaluar la condición de la casa y detectar posibles problemas.

- **Evaluación del Valor:** El prestamista generalmente requiere una evaluación para asegurar que el precio de compra es justo.

Finalización de la Compra

1. Cierre de la Compra:

- **Documentación:** Revisa y firma todos los documentos necesarios para la transferencia de propiedad.

- **Costos de Cierre:** Paga los costos de cierre, que pueden incluir tarifas de abogados, compañía de título, procesamiento del préstamo, impuestos de transferencia y otros gastos.

2. Mudanza y Establecimiento:

- **Planificación de la Mudanza:** Organiza la mudanza y establece servicios públicos en tu nueva casa.

- **Mantenimiento Regular:** Mantén tu casa en buen estado realizando mantenimiento regular y reparaciones necesarias.

Beneficios de Ser Propietario

1. Construcción de Patrimonio:

- **Apreciación del Valor:** Con el tiempo, el valor de tu propiedad puede aumentar, lo que aumenta tu patrimonio neto.

- **Equidad:** A medida que pagas tu hipoteca, construyes equidad en tu hogar, que puedes utilizar para préstamos o líneas de crédito.

2. Estabilidad:

- **Estabilidad Residencial:** Ser propietario te ofrece estabilidad residencial y evita los aumentos de alquiler.

- **Sentido de Pertenencia:** Poseer una casa puede proporcionar un fuerte sentido de pertenencia y comunidad.

3. Beneficios Fiscales:

- **Deducciones de Intereses:** Puedes deducir los intereses hipotecarios de tus impuestos federales.

- **Deducción de Impuestos a la Propiedad:** Los impuestos a la propiedad también pueden ser deducibles.

Opciones de alquiler

Alquilar una vivienda es una opción común en Estados Unidos, especialmente en las ciudades. Aquí se detallan las principales opciones de alquiler:

1. **Apartamentos:** Las unidades en edificios de apartamentos son una opción popular, especialmente en áreas urbanas. Los apartamentos varían en tamaño desde estudios hasta unidades de múltiples habitaciones.

2. **Casas adosadas (townhouses)**: Estas son viviendas que comparten una o más paredes con casas vecinas, pero tienen entradas independientes. Ofrecen más espacio que los apartamentos.

3. **Casas unifamiliares**: Alquilar una casa unifamiliar proporciona más privacidad y espacio. Es una opción común en los suburbios.

4. **Habitaciones en casas compartidas**: Alquilar una habitación en una casa compartida es una opción económica, especialmente para estudiantes y jóvenes profesionales.

Cómo encontrar vivienda para alquilar

Encontrar una vivienda adecuada requiere planificación y recursos. Aquí hay algunos pasos para encontrar una vivienda:

1. **Determinar el presupuesto**: Calcular cuánto se puede gastar en alquiler, incluyendo servicios públicos y otros gastos asociados.

2. **Elegir la ubicación**: Decidir en qué vecindario vivir, considerando factores como la proximidad al trabajo, transporte público, escuelas y servicios.

3. **Utilizar recursos en línea**: Sitios web como Zillow, Craigslist y Rent.com son útiles para buscar listados de alquileres.

4. **Contactar a un agente inmobiliario**: Los agentes inmobiliarios pueden ayudar a encontrar propiedades que se ajusten a las necesidades y el presupuesto.

5. **Visitar propiedades**: Programar visitas para ver las propiedades en persona antes de tomar una decisión.

6. **Revisar el contrato de alquiler**: Leer detenidamente el contrato de alquiler, entendiendo todos los términos y condiciones antes de firmar.

7. **Preparar documentos**: Tener a mano documentos como comprobantes de ingresos, referencias y una identificación válida para facilitar el proceso de solicitud.

Estas secciones proporcionan una guía exhaustiva para las familias inmigrantes hispanas sobre cómo gestionar sus finanzas, invertir sabiamente, planificar para la jubilación y comprar su primera casa, asegurando así una base financiera sólida y un futuro estable en los Estados Unidos o el proceso para alquilar una vivienda.

CAPITULO 8:

Mercado Laboral: Cómo Encontrar Empleo y Entender las Leyes Laborales

Encontrar empleo y entender las leyes laborales en Estados Unidos son aspectos fundamentales para cualquier persona que busca integrarse exitosamente en la economía del país. Este proceso puede parecer complejo debido a la variedad de industrias, la competencia y la normativa legal, pero con la información adecuada y las estrategias correctas, es posible navegar el mercado laboral de manera efectiva.

1. Cómo Encontrar Empleo

Preparación Inicial:

1. **Evaluación de Habilidades y Experiencia**:
   - Identificar tus habilidades, experiencia y educación relevantes.
   - Considerar la posibilidad de adquirir nuevas habilidades a través de cursos y certificaciones.

2. **Currículum Vitae (CV) y Carta de Presentación (Resume)**:
   - Crear un currículum claro, conciso y adaptado al puesto que se está solicitando.
   - Redactar una carta de presentación personalizada para cada solicitud de empleo.

Fuentes para la Búsqueda de Empleo:

1. **Portales de Empleo en Línea**:
   - **Indeed**: Uno de los mayores motores de búsqueda de empleo.
   - **LinkedIn**: Red profesional que también ofrece listados de empleo.
   - **Glassdoor**: Ofrece listados de empleo y reseñas de empresas.
   - **Monster**: Portal de empleo con listados y recursos de carrera.

2. **Agencias de Empleo y Headhunters**:

   o Las agencias de empleo ayudan a conectar a los candidatos con empleadores potenciales.

   o Los headhunters se especializan en buscar candidatos para puestos de alto nivel.

3. **Ferias de Empleo y Eventos de Networking**:

   o Participar en ferias de empleo y eventos de networking para conocer a empleadores en persona.

   o Unirse a asociaciones profesionales y asistir a conferencias del sector.

4. **Redes Personales y Profesionales**:

   o Utilizar contactos personales y profesionales para obtener referencias y recomendaciones.

   o Informar a amigos y familiares sobre la búsqueda de empleo para que puedan ayudar a encontrar oportunidades.

5. **Bolsa de Trabajo de Universidades y Community Colleges**:

   o Aprovechar los recursos y las bolsas de trabajo que ofrecen las instituciones educativas.

Estrategias para la Entrevista:

1. **Preparación**:

   o Investigar sobre la empresa y el puesto antes de la entrevista.

   o Preparar respuestas para preguntas comunes de entrevistas y practicar con un amigo o mentor.

2. **Presentación Personal**:

   o Vestir apropiadamente para la entrevista.

   o Llegar puntualmente y con una actitud positiva.

3. **Seguimiento**:

   o Enviar un correo electrónico de agradecimiento después de la entrevista para reiterar el interés en el puesto.

2. Entender las Leyes Laborales

Derechos Básicos de los Empleados:

1. **Salario Mínimo**:
   - El salario mínimo federal en los Estados Unidos para 2024 es de $7.25 por hora1. Sin embargo, este valor puede variar dependiendo de las leyes de cada estado. Por ejemplo, en California, el salario mínimo es de $16.00 por hora, mientras que en Florida es de $12.00 por hora.

2. **Horas Extras**:
   - Los empleados no exentos tienen derecho a recibir tiempo y medio por cada hora trabajada más allá de las 40 horas semanales.

3. **Condiciones de Trabajo Seguras**:
   - La Ley de Seguridad y Salud Ocupacional (OSHA) garantiza el derecho a condiciones de trabajo seguras y saludables.

4. **No Discriminación**:
   - Las leyes federales prohíben la discriminación laboral por motivos de raza, color, religión, sexo, origen nacional, edad, discapacidad o información genética.

5. **Derecho a Formar Sindicatos**:
   - Los empleados tienen el derecho a formar, unirse y participar en actividades sindicales.

Tipos de Contratos Laborales:

1. **Tiempo Completo y Medio Tiempo**:
   - Los empleados a tiempo completo generalmente trabajan 35-40 horas por semana y pueden recibir beneficios como seguro de salud y vacaciones pagadas.
   - Los empleados a medio tiempo trabajan menos horas y pueden no recibir los mismos beneficios.

2. **Contratos Temporales y Freelance**:
   - Los trabajadores temporales y freelance trabajan por un período definido o por proyecto y generalmente no reciben beneficios.

3. **Empleo a Voluntad**:

   o La mayoría de los empleos en EE. UU. son "a voluntad", lo que significa que tanto el empleador como el empleado pueden terminar la relación laboral en cualquier momento y por cualquier motivo, que no sea ilegal.

Leyes de Protección al Empleado:

1. **Family and Medical Leave Act (FMLA)**:

   o Permite a los empleados elegibles tomar hasta 12 semanas de licencia no pagada por motivos familiares o médicos.

2. **Ley de Licencia Médica y Familiar**:

   o Proporciona tiempo libre protegido por el empleo para necesidades familiares y médicas específicas.

3. **Fair Labor Standards Act (FLSA)**:

   o Establece normas para el salario mínimo, pago de horas extras, y el empleo de menores.

4. **Ley de Protección de los Trabajadores de Servicios Migratorios y de Temporada (MSPA)**:

   o Protege a los trabajadores migrantes y de temporada en la agricultura y otras industrias.

5. **Equal Employment Opportunity Commission (EEOC)**:

   o La EEOC hace cumplir las leyes que prohíben la discriminación en el trabajo.

Recursos para Entender y Defender los Derechos Laborales:

1. **Departamento de Trabajo de EE. UU. (U.S. Department of Labor)**:

   o Proporciona información sobre leyes laborales y recursos para empleados.

2. **Comisiones Estatales de Trabajo**:

   o Ofrecen recursos y asistencia específica según el estado.

3. **Organizaciones de Defensa de los Derechos Laborales**:

    ○ **National Employment Law Project (NELP)**: Aboga por políticas laborales justas y proporciona recursos educativos.

    ○ **American Civil Liberties Union (ACLU)**: Defiende los derechos civiles y laborales de los trabajadores.

4. **Sindicatos (Union)**:

    ○ Ofrecen protección y defensa para los derechos de los trabajadores y pueden proporcionar asistencia legal.

Conclusión

Encontrar empleo y entender las leyes laborales en Estados Unidos requiere preparación, conocimiento y proactividad. Aprovechar las diversas fuentes de búsqueda de empleo, preparar adecuadamente los materiales de solicitud y presentarse de manera profesional en las entrevistas son pasos cruciales para asegurar una posición. Además, conocer los derechos laborales y las leyes que protegen a los empleados es fundamental para garantizar condiciones de trabajo justas y seguras. Con estas herramientas y estrategias, cualquier persona puede navegar el mercado laboral estadounidense con mayor confianza y éxito.

CAPITULO 9

Cómo Empezar un Negocio

Requisitos legales

1. **Registro de la empresa**: Dependiendo del país, hay que registrar la empresa en la entidad gubernamental correspondiente para obtener un número de identificación fiscal y otros permisos necesarios.

2. **Licencias y permisos**: Es fundamental obtener todas las licencias y permisos necesarios según el tipo de negocio y la ubicación. Esto puede incluir permisos de salud, de construcción, de ocupación, entre otros.

3. **Estructura legal**: Decidir la estructura legal del negocio (empresa unipersonal, sociedad, corporación, etc.). Cada estructura tiene implicaciones fiscales y legales distintas, mi recomendación es que busquen un contador CPA experto en Corporaciones quien lo orientará en base a su proyecto.

4. **Protección de propiedad intelectual**: Registrar marcas, patentes o derechos de autor según sea necesario para proteger los activos intelectuales del negocio.

Plan de negocios

1. **Resumen ejecutivo**: Una visión general de alto nivel del negocio, su misión y objetivos.

2. **Descripción de la empresa**: Información detallada sobre la empresa, su estructura, el producto o servicio que ofrece y el mercado objetivo.

3. **Análisis de mercado**: Investigación del mercado objetivo, análisis de la competencia y estrategias de marketing.

4. **Organización y gestión**: Descripción de la estructura organizativa de la empresa, perfiles de los miembros clave del equipo y sus roles.

5. **Producto o servicio**: Descripción detallada del producto o servicio, su ciclo de vida, y la estrategia de desarrollo.

6. **Marketing y ventas**: Estrategias para atraer y retener clientes, incluyendo canales de venta, publicidad y promoción.

7. **Proyecciones financieras**: Pronósticos de ingresos, estados financieros proyectados, análisis de punto de equilibrio y necesidades de financiamiento.

8. **Apéndices**: Documentos adicionales que respaldan el plan de negocios, como estudios de mercado, currículums del equipo directivo, etc.

Recursos para Emprendedores

1. **Incubadoras y aceleradoras**: Programas que proporcionan apoyo, recursos y mentoría a startups y emprendedores en sus etapas iniciales.

2. **Centros de desarrollo de pequeñas empresas**: Ofrecen asesoramiento gratuito o de bajo costo, formación y recursos para ayudar a los emprendedores a lanzar y crecer sus negocios, el mejor es SBA y otros programas como SCORE o PROSPERA.

3. **Comunidades y redes de emprendedores**: Participar en redes de emprendedores para obtener apoyo, compartir experiencias y encontrar oportunidades de colaboración.

4. **Recursos en línea**: Plataformas y sitios web que ofrecen herramientas, plantillas y cursos sobre cómo iniciar y gestionar un negocio.

Asesorías y mentorías

1. **Mentores de negocio**: Emprendedores experimentados que ofrecen su tiempo y conocimiento para guiar a los nuevos emprendedores.

2. **Consultores**: Profesionales que proporcionan asesoramiento especializado en áreas específicas como finanzas, marketing, tecnología, etc.

3. **Programas de mentoría**: Programas estructurados que conectan a emprendedores con mentores adecuados para ayudarlos a superar desafíos específicos y alcanzar sus objetivos.

Financiamiento para pequeños negocios

1. **Capital semilla**: Fondos iniciales necesarios para empezar un negocio. Estos pueden provenir de ahorros personales, amigos y familiares o inversionistas ángeles.

2. **Préstamos para pequeñas empresas**: Préstamos ofrecidos por bancos, cooperativas de crédito o instituciones financieras para financiar operaciones o expansión del negocio.

3. **Capital de riesgo**: Fondos de inversión que aportan capital a startups con alto potencial de crecimiento a cambio de participación accionaria.

4. **Crowdfunding**: Financiamiento colectivo donde un gran número de personas contribuyen con pequeñas cantidades de dinero a cambio de recompensas o participación en el negocio.

5. **Subvenciones y ayudas**: Fondos no reembolsables otorgados por gobiernos, organizaciones sin fines de lucro y otras entidades para apoyar a emprendedores y pequeñas empresas.

Estas son las claves para empezar y gestionar inversiones y negocios de manera exitosa.

CAPITULO 10: Vida Diaria y Cultura

Quiero hacer hincapié sobre los aspectos más importantes y diferentes para nosotros los Hispanos en el vivir diario en USA, por eso repetiré algunos aspectos referidos anteriormente.

Cultura y Costumbres en USA

Diferencias culturales

Estados Unidos es un país diverso y multicultural, lo que se refleja en sus variadas costumbres y prácticas culturales. Aquí se destacan algunas diferencias culturales importantes:

1. **Individualismo**: La cultura estadounidense valora el individualismo y la independencia. Se espera que las personas tomen decisiones por sí mismas y se esfuercen por alcanzar el éxito personal.

2. **Puntualidad**: La puntualidad es muy valorada. Llegar a tiempo a citas, reuniones y eventos es una muestra de respeto y profesionalismo.

3. **Saludo y cortesía**: El saludo típico es un apretón de manos firme, aunque entre amigos cercanos es común el abrazo. La cortesía y las buenas maneras, como decir "por favor" y "gracias", son muy importantes.

4. **Diversidad y tolerancia**: Debido a su diversidad étnica y cultural, hay una gran aceptación y tolerancia hacia diferentes culturas, religiones y estilos de vida.

5. **Cultura del trabajo**: El trabajo es una parte central de la vida en Estados Unidos. Las personas tienden a trabajar muchas horas y valoran la ética laboral y el logro profesional.

6. **Relaciones informales**: Las relaciones interpersonales tienden a ser menos formales en comparación con otras culturas. Es común llamar a las personas por su primer nombre, incluso en el ámbito laboral.

7. **Consumo y estilo de vida**: El consumismo es una parte importante de la cultura. La publicidad y las marcas juegan un papel significativo en la vida cotidiana.

Cómo adaptarse y mantener la identidad

Adaptarse a una nueva cultura puede ser un desafío, pero es posible hacerlo mientras se mantiene la propia identidad cultural. Aquí hay algunas estrategias:

1. **Aprender el idioma**: Mejorar las habilidades en inglés ayuda en la comunicación y facilita la integración en la sociedad.

2. **Participar en la comunidad**: Involucrarse en actividades comunitarias, como eventos locales, grupos de interés y organizaciones, ayuda a conocer gente y entender mejor la cultura local.

3. **Mantener tradiciones**: Continuar celebrando las fiestas, costumbres y prácticas culturales propias es una manera de mantener la identidad mientras se vive en un nuevo país.

4. **Educar a otros**: Compartir la propia cultura con amigos y colegas puede fomentar la comprensión y el respeto mutuo.

5. **Buscar apoyo**: Conectar con personas de la misma comunidad cultural puede proporcionar un sentido de pertenencia y apoyo emocional.

6. **Ser flexible**: Mantener una mente abierta y estar dispuesto a aprender y adaptarse a nuevas formas de hacer las cosas puede facilitar la adaptación.

En conclusión, la adaptación de los hispanos a la cultura americana es un testimonio de la fuerza y la diversidad que caracteriza a esta nación. Es un recordatorio que, a pesar de las diferencias, la unidad y la colaboración pueden llevarnos a un futuro más inclusivo y próspero para todos.

CAPITULO 11:

Transporte: Opciones de Transporte Público y Privado

El transporte es un aspecto fundamental de la vida diaria en Estados Unidos, ya que facilita el acceso al trabajo, la escuela, los servicios y las actividades recreativas. Tanto el transporte público como el privado ofrecen diversas opciones para satisfacer las necesidades de movilidad de los residentes. A continuación, se presenta una descripción detallada de las opciones de transporte público y privado disponibles en el país, junto con sus beneficios, desafíos y consejos para su uso.

Transporte Público

1. Autobuses

Descripción:

- Los autobuses son una opción de transporte público ampliamente disponible en la mayoría de las ciudades y áreas metropolitanas de Estados Unidos.

Ventajas:

- **Accesibilidad**: Los autobuses suelen tener rutas que cubren amplias áreas, incluidas zonas suburbanas y rurales.
- **Costo**: Generalmente, los autobuses son una opción económica de transporte.
- **Frecuencia**: En áreas urbanas, los autobuses pasan con frecuencia durante las horas pico.

Desafíos:

- **Horarios**: Fuera de las horas pico, la frecuencia de los autobuses puede ser limitada.
- **Trayectos Largos**: En algunas ciudades, los trayectos pueden ser largos debido a las numerosas paradas.

Consejos:

- Consultar los horarios y rutas con antelación utilizando aplicaciones móviles o los sitios web de las agencias de transporte.

2. Trenes y Metro

Descripción:

- Los sistemas de trenes y metro están disponibles en muchas ciudades grandes como Nueva York, Chicago, Washington D.C., San Francisco y Boston.

Ventajas:

- **Rapidez**: Los trenes y el metro suelen ser más rápidos que los autobuses, especialmente durante las horas pico.
- **Confiabilidad**: Los sistemas de trenes y metro suelen ser puntuales y eficientes.

Desafíos:

- **Cobertura Limitada**: No todas las ciudades tienen sistemas de trenes o metro extensivos.
- **Costo**: En algunas ciudades, el uso del tren o metro puede ser más caro que el autobús.

Consejos:

- Adquirir pases mensuales o semanales para ahorrar dinero si se utiliza el tren o metro con frecuencia.

3. Tranvías y Trolleys

Descripción:

- Los tranvías y trolleys son sistemas de transporte sobre rieles que operan en áreas urbanas y turísticas.

Ventajas:

- **Conexiones Locales**: Ideales para viajes cortos dentro de áreas céntricas o turísticas.
- **Ambiente Histórico**: En algunas ciudades, como San Francisco, los trolleys ofrecen una experiencia histórica y pintoresca.

Desafíos:

- **Rutas Limitadas**: Los tranvías y trolleys suelen tener rutas limitadas comparadas con autobuses o trenes.

Consejos:

- Usar los trolleys para distancias cortas o como complemento a otros medios de transporte.

4. Bicicletas Compartidas

Descripción:

- Muchas ciudades tienen programas de bicicletas compartidas donde se pueden alquilar bicicletas por períodos cortos.

Ventajas:

- **Ecológico**: Una opción de transporte sostenible y sin emisiones.
- **Flexibilidad**: Ideal para viajes cortos y para evitar el tráfico.

Desafíos:

- **Infraestructura**: La disponibilidad de carriles bici y estacionamientos puede variar según la ciudad.

Consejos:

- Verificar la disponibilidad de estaciones de bicicletas y rutas seguras antes de planificar un viaje.

Transporte Privado

1. Automóviles

Descripción:

- Los automóviles son el medio de transporte más común en Estados Unidos, especialmente en áreas suburbanas y rurales.

Ventajas:

- **Independencia**: Proporcionan flexibilidad y comodidad para viajar en cualquier momento.
- **Cobertura**: Ideal para áreas con transporte público limitado o inexistente.

Desafíos:

- **Costo**: La compra, mantenimiento, seguro y gasolina pueden ser costosos.
- **Tráfico**: En áreas urbanas, el tráfico puede ser un problema significativo.

Consejos:

- Mantener el automóvil en buen estado con revisiones y mantenimiento regular.
- Considerar compartir viajes con compañeros de trabajo o amigos para reducir costos.

2. Motocicletas y Scooters

Descripción:

- Las motocicletas y scooters son opciones populares para desplazamientos cortos y evitar el tráfico.

Ventajas:

- **Economía de Combustible**: Suelen ser más económicas en cuanto a consumo de combustible.
- **Facilidad de Estacionamiento**: Más fáciles de estacionar que los automóviles, especialmente en áreas urbanas.

Desafíos:

- **Seguridad**: Mayor riesgo de accidentes comparado con los automóviles.
- **Clima**: Menos cómodas y seguras en condiciones climáticas adversas.

Consejos:

- Usar equipo de protección adecuado y seguir las normas de seguridad vial.

3. Servicios de Ridesharing

Descripción:

- Servicios como Uber y Lyft ofrecen transporte privado a través de aplicaciones móviles.

Ventajas:

- **Conveniencia**: Se pueden solicitar desde cualquier lugar con un smartphone.
- **Flexibilidad**: Buena opción para quienes no poseen un automóvil, pero necesitan transporte ocasional.

Desafíos:

- **Costo**: Puede ser más caro que el transporte público, especialmente durante las horas pico o en situaciones de alta demanda.
- **Disponibilidad**: La disponibilidad puede variar según la ubicación y la hora del día.

Consejos:

- Comparar tarifas y tiempos de espera entre diferentes servicios antes de solicitar un viaje.

4. Alquiler de Automóviles

Descripción:

- Las empresas de alquiler de automóviles ofrecen vehículos para uso temporal.

Ventajas:

- **Flexibilidad**: Ideal para viajes cortos o de negocios.
- **Opciones**: Variedad de vehículos disponibles según las necesidades del viaje.

Desafíos:

- **Costo**: El alquiler diario puede ser costoso, especialmente con seguros y tarifas adicionales.
- **Requisitos**: Se necesita una licencia de conducir válida y, en muchos casos, una tarjeta de crédito.

Consejos:

- Reservar con anticipación para obtener mejores tarifas.
- Leer cuidadosamente los términos y condiciones del alquiler, incluyendo seguros y restricciones.

CAPITULO 12

<u>COMO FUNCIONA LA POLICIA EN USA</u>

En los Estados Unidos, las fuerzas policiales y las instituciones de investigación criminal están organizadas en varios niveles y cada una tiene funciones específicas. Aquí te dejo un resumen:

<u>Niveles de Policía en los Estados Unidos</u>

POLICIA FEDERAL

<u>FBI (Federal Bureau of Investigation)</u>: Investiga delitos federales, terrorismo, contrainteligencia y crimen organizado.

<u>DEA (Drug Enforcement Administration)</u>: Lucha contra el narcotráfico y el lavado de dinero relacionado.

<u>Servicio Secreto (Secret Service)</u>: Protege a los mandatarios y jefes de estado, y lleva a cabo investigaciones sobre falsificación de moneda.

<u>HSI (Homeland Security Investigations)</u>

Función: Investigar y desarticular organizaciones criminales transnacionales que amenazan la seguridad nacional

<u>ICE (Immigration and Customs Enforcement)</u>: Investiga delitos relacionados con la inmigración y aduanas.

POLICIA ESTATAL

<u>Patrulla de Carreteras</u> (Highway Patrol): Vigila las autopistas y carreteras del estado1.

<u>Policía Estatal</u>: Gestiona todos los delitos que se cometen dentro del estado.

POLICIA DE CONDADO

<u>Sheriffs</u>: Encargados de la seguridad en áreas no incorporadas del condado y operan las cárceles del condado4.

POLICIA LOCAL

Policía Municipal: Mantiene el orden público y responde a delitos dentro de los límites de la ciudad4.

CAPITULO 13

100 FRASES QUE DEBES CONOCER EN INGLES

FRASES BÁSICAS

1. Hello, how are you? – Hola, ¿cómo estás?

2. Good morning. – Buenos días.

3. Good afternoon. – Buenas tardes.

4. Good night. – Buenas noches.

5. Please. – Por favor.

6. Thank you. – Gracias.

7. You're welcome. – De nada.

8. Excuse me. – Disculpe.

9. I'm sorry. – Lo siento.

10. Yes. – Sí.

11. No. – No.

12. Maybe. – Tal vez.

13. I don't understand. – No entiendo.

14. Can you help me? – ¿Puedes ayudarme?

15. Where is the restroom? – ¿Dónde está el baño?

16. How much does this cost? – ¿Cuánto cuesta esto?

17. Do you speak Spanish? – ¿Hablas español?

18. I speak a little English. – Hablo un poco de inglés.

19. I need help. – Necesito ayuda.

20. What is your name? – ¿Cómo te llamas?

EN EL TRABAJO:

21. What time do we start? – ¿A qué hora empezamos?

22. When is the break? – ¿Cuándo es el descanso?

23. I finished my task. – Terminé mi tarea.

24. I need more time. – Necesito más tiempo.

25. I don't know how to do this. – No sé cómo hacer esto.

26. Can you show me? – ¿Puedes mostrarme?

27. I'm here to work. – Estoy aquí para trabajar.

28. I'll do my best. – Haré lo mejor que pueda.

29. Who is my supervisor? – ¿Quién es mi supervisor?

30. I need to take a day off. – Necesito tomarme un día libre.

TRANSPORTE Y DIRECCIONES:

31. How do I get to the bus station? – ¿Cómo llego a la estación de autobuses?

32. Where is the nearest subway? – ¿Dónde está el metro más cercano?

33. I need a taxi, please. – Necesito un taxi, por favor.

34. How long will it take? – ¿Cuánto tardará?

35. Can you give me directions? – ¿Puedes darme direcciones?

36. Is this the right bus? – ¿Este es el autobús correcto?

37. Where do I buy a ticket? – ¿Dónde compro un boleto?

38. Can you drop me off here? – ¿Puedes dejarme aquí?

39. How far is it from here? – ¿Qué tan lejos está de aquí?

40. What time does the bus arrive? – ¿A qué hora llega el autobús?

EN EL RESTAURANTE:

41. Can I see the menu, please? – ¿Puedo ver el menú, por favor?

42. What do you recommend? – ¿Qué me recomienda?

43. I would like a coffee, please. – Quisiera un café, por favor.

44. I'm allergic to nuts. – Soy alérgico a los frutos secos.

45. Do you have vegetarian options? – ¿Tienen opciones vegetarianas?

46. Can I have the bill, please? – ¿Puedo tener la cuenta, por favor?

47. This is delicious! – ¡Esto está delicioso!

48. I need a table for two. – Necesito una mesa para dos.

49. Is it spicy? – ¿Es picante?

50. I'll take this to go. – Me lo llevo para llevar.

COMPRAS:

51. Where can I find this item? – ¿Dónde puedo encontrar este artículo?

52. Do you have this in a different size? – ¿Tiene esto en otro tamaño?

53. How much is this? – ¿Cuánto cuesta esto?

54. Can I return this? – ¿Puedo devolver esto?

55. What is the refund policy? – ¿Cuál es la política de reembolso?

56. I'm just looking, thank you. – Solo estoy mirando, gracias.

57. I need to exchange this. – Necesito cambiar esto.

58. Is this on sale? – ¿Está en oferta?

59. Do you accept credit cards? – ¿Aceptan tarjetas de crédito?

60. I would like a receipt, please. – Me gustaría un recibo, por favor.

EMERGENCIAS:

61. Call the police! – ¡Llama a la policía!

62. I need a doctor. – Necesito un doctor.

63. I'm sick. – Estoy enfermo.

64. I had an accident. – Tuve un accidente.

65. Where is the hospital? – ¿Dónde está el hospital?

66. I need an ambulance. – Necesito una ambulancia.

67. I lost my wallet. – Perdí mi billetera.

68. My phone was stolen. – Me robaron el teléfono.

69. I'm lost. – Estoy perdido.

70. Is there a pharmacy nearby? – ¿Hay una farmacia cerca?

EN EL BANCO:

71. I want to open an account. – Quiero abrir una cuenta.

72. How do I apply for a loan? – ¿Cómo solicito un préstamo?

73. What is the interest rate? – ¿Cuál es la tasa de interés?

74. Can I deposit this check? – ¿Puedo depositar este cheque?

75. How much is the minimum balance? – ¿Cuál es el saldo mínimo?

76. I would like to transfer money. – Me gustaría transferir dinero.

77. Where is the nearest ATM? – ¿Dónde está el cajero automático más cercano?

78. I need to update my account information. – Necesito actualizar mi información de cuenta.

79. I lost my debit card. – Perdí mi tarjeta de débito.

80. I need a bank statement. – Necesito un estado de cuenta.

EN LA ESCUELA:

81. When is the parent-teacher meeting? – ¿Cuándo es la reunión de padres y maestros?

82. How is my child doing in class? – ¿Cómo va mi hijo en clase?

83. I need to talk to the principal. – Necesito hablar con el director.

84. What are the school hours? – ¿Cuáles son los horarios de la escuela?

85. Is there homework today? – ¿Hay tarea hoy?

86. Do you offer after-school programs? – ¿Ofrecen programas después de la escuela?

87. My child is sick and cannot attend school. – Mi hijo está enfermo y no puede ir a la escuela.

88. Can I volunteer at the school? – ¿Puedo ser voluntario en la escuela?

89. Is lunch provided? – ¿Se proporciona el almuerzo?

90. When does the school year end? – ¿Cuándo termina el año escolar?

EN LA VIDA DIARIA:

91. Where can I find a doctor? – ¿Dónde puedo encontrar un doctor?

92. Can you recommend a good restaurant? – ¿Me puedes recomendar un buen restaurante?

93. How do I apply for a job? – ¿Cómo solicito un trabajo?

94. I need to make an appointment. – Necesito hacer una cita.

95. How long will this take? – ¿Cuánto tiempo tomará esto?

96. Can you repeat that, please? – ¿Puedes repetir eso, por favor?

97. What time does it open/close? – ¿A qué hora abre/cierra?

98. Can I pay with cash? – ¿Puedo pagar en efectivo?

99. How do I get to the nearest grocery store? – ¿Cómo llego al supermercado más cercano?

100. Can you give me your phone number? – ¿Me puedes dar tu número de teléfono?

Estas frases son esenciales para facilitar la vida diaria de un inmigrante hispano en los Estados Unidos, ayudando a mejorar la comunicación y adaptarse más fácilmente a la cultura local.

CAPACITACIONES IMPORTANTES QUE DEBES TOMAR PARA DISFRUTAR MEJOR EL SISTEMA AMERICANO

Para que un inmigrante hispano pueda desarrollarse mejor en los Estados Unidos, es fundamental que tome ciertos cursos que le permitan integrarse y prosperar en su nuevo entorno. Aquí te dejo algunas recomendaciones:

1. CURSOS DE INGLES

Por qué: El dominio del inglés es esencial para la comunicación diaria, el acceso a mejores oportunidades laborales y la integración en la comunidad. Existen muchas opciones gratuitas y de bajo costo, como Duolingo, Busuu, Babbel, y programas ofrecidos por universidades y organizaciones comunitarias.

2. CURSOS DE CRÉDITO

Para un inmigrante hispano en los Estados Unidos, tomar un curso de crédito es fundamental para entender cómo funciona el sistema crediticio y cómo manejar el crédito de manera efectiva. Aquí tienes algunas opciones y razones por las cuales estos cursos son importantes:

Curso de Crédito Personal

Aprenderás a como obtener, mejorar y Apalancarte del Crédito, leyes vinculadas, como comprar vehículos y propiedades

Dónde: Instituto Viviendo en USA. Profesor Vojmir Vladilo

Curso de Crédito Comercial

Por qué: Este curso capacita a los hispanos para adaptarse al sistema crediticio y a las inversiones en bienes raíces. Es esencial para aquellos que desean emprender o invertir en propiedades.

Dónde: Instituto Viviendo en USA, Profesor Vojmir Vladilo

Curso de Reparación de Crédito

Por qué: Aprender a reparar y mejorar el crédito es crucial para acceder a mejores tasas de interés en préstamos y tarjetas de crédito. Este curso también puede ser útil para aquellos que desean ayudar a otros en la comunidad.

Dónde: Curso de Crédito: Instituto Viviendo en USA Profesor Vojmir Vladilo

Importancia de los Cursos de Crédito

Acceso a Préstamos: Un buen historial crediticio es esencial para obtener préstamos para vivienda, automóviles y negocios.

Mejores Tasas de Interés: Un buen puntaje de crédito puede resultar en tasas de interés más bajas, lo que ahorra dinero a largo plazo.

Seguridad Financiera: Entender cómo funciona el crédito ayuda a evitar deudas innecesarias y a manejar las finanzas de manera más efectiva.

3. **CURSOS DE PREPARACIÓN DE IMPUESTOS**

Por qué: Conocer cómo funciona el sistema tributario en los Estados Unidos es esencial para cumplir con las obligaciones fiscales y evitar problemas legales. Además, aprender a preparar impuestos puede ser una habilidad valiosa para ayudar a otros en la comunidad.

Dónde: Hispano Tax School, Latino Tax Pro, Universidad de Impuestos, Dolphy School.

4. **CURSOS DE QUICKBOOK**

Para un inmigrante hispano en los Estados Unidos, tomar un curso de QuickBooks puede ser muy beneficioso, especialmente si planea administrar un negocio o trabajar en contabilidad. Aquí tienes algunas opciones y razones por las cuales estos cursos son importantes:

Curso de QuickBooks Online en español

Por qué: Este curso te enseñará a utilizar QuickBooks, el programa de contabilidad más usado en los Estados Unidos. Aprenderás a administrar la contabilidad de tu negocio desde cualquier lugar, recibir pagos de clientes, crear facturas, pagar proveedores en línea y generar reportes financieros.

Dónde: muchos cursos online y presencial

QuickBooks Online para Emprendedores

Por qué: Este curso está diseñado para emprendedores y cubre desde la configuración inicial hasta la gestión de inventarios y la automatización de transacciones. Es ideal para aquellos que desean manejar la contabilidad de su negocio de manera eficiente.

Dónde: muchos cursos online y presencial

<u>Guía Completa para Principiantes</u>

Por qué: Este curso es perfecto para principiantes y te enseñará a crear tu cuenta de prueba gratuita, configurar el idioma y utilizar funcionalidades importantes como la facturación personalizada y la conciliación bancaria.

Dónde: QuickBooks Intuit

<u>Importancia de los Cursos de QuickBooks</u>

Gestión Eficiente del Negocio: QuickBooks te permite llevar un control detallado de las finanzas de tu negocio, lo que es crucial para su éxito.

Ahorro de Tiempo: Automatizar tareas contables te permite dedicar más tiempo a otras áreas importantes de tu negocio.

Mejora de la Toma de Decisiones: Tener acceso a reportes financieros precisos te ayuda a tomar decisiones informadas sobre tu negocio.

5. **CURSOS DE SEGUROS** <u>Curso de Seguros de Salud:</u> Por qué: Conocer los diferentes tipos de seguros de salud disponibles y cómo acceder a ellos es crucial para garantizar el bienestar personal y familiar.

Dónde: Freeway Seguros, Escuela de Seguros USA. Dolphy School

<u>Curso de Seguros de Vida y Propiedad</u>

Por qué: Entender cómo funcionan los seguros de vida, auto y propiedad puede proteger tus bienes y proporcionar seguridad financiera a tu familia.

Dónde: Freeway Seguros, Escuela de Seguros USA.

<u>Curso de Seguros de Negocios</u>

Por qué: Si planeas emprender un negocio, conocer los seguros necesarios para proteger tu inversión y cumplir con las regulaciones es fundamental.

Dónde: Cursos ofrecidos por cámaras de comercio y organizaciones empresariales.

6. **CURSOS DE CAPACITACIÓN LABORAL**

Por qué: Cursos en áreas como enfermería, contabilidad, marketing, informática e ingeniería pueden abrir puertas a empleos bien remunerados y con alta demanda en el mercado laboral estadounidense3.

7. EDUCACIÓN FINANCIERA

Por qué: Entender el sistema financiero estadounidense, cómo manejar el crédito, y cómo ahorrar e invertir es vital para la estabilidad económica y el éxito a largo plazo. Muchas organizaciones ofrecen talleres y cursos en educación financiera.

8. CURSOS DE CIUDADANIA Y DERECHOS CIVILES

Por qué: Conocer los derechos y responsabilidades como residente o ciudadano es fundamental para la integración y la participación activa en la comunidad. Estos cursos también pueden ayudar en el proceso de naturalización.

9. CURSOS DE SALUD Y BIENESTAR

Por qué: La salud física y mental es crucial para el bienestar general. Cursos sobre nutrición, ejercicio, y manejo del estrés pueden mejorar la calidad de vida y la capacidad para enfrentar desafíos.

10. CURSOS DE TECNOLOGIA

Por qué: En un mundo cada vez más digital, tener habilidades tecnológicas es esencial. Cursos sobre el uso de computadoras, software de oficina, y redes sociales pueden mejorar las oportunidades laborales y la capacidad para comunicarse y acceder a información.

Estos cursos no solo proporcionan habilidades prácticas, sino que también ayudan a construir confianza y una red de apoyo en la comunidad.

PENSAMIENTO FINAL

A lo largo de este libro, hemos recorrido un camino lleno de experiencias, desafíos y triunfos que la comunidad latina enfrenta al adaptarse a la vida en los Estados Unidos. Desde aprender un nuevo idioma y entender las complejidades del sistema educativo y laboral, hasta mantener vivas nuestras tradiciones y valores culturales, la adaptación es un proceso continuo y multifacético.

La clave para una adaptación exitosa radica en la resiliencia y la capacidad de encontrar un equilibrio entre la integración y la preservación de nuestra identidad cultural. La comunidad latina ha demostrado una y otra vez su capacidad para superar obstáculos y prosperar en un entorno nuevo y a menudo desafiante.

Es importante recordar que no estamos solos en este viaje. Las redes de apoyo, tanto dentro de la comunidad latina como en la sociedad en general, juegan un papel crucial en nuestro éxito. Al compartir nuestras historias y apoyarnos mutuamente, fortalecemos nuestra comunidad y contribuimos a una sociedad más inclusiva y diversa.

En última instancia, la adaptación a la vida en los Estados Unidos es un testimonio de nuestra fortaleza y determinación. Al abrazar las oportunidades y enfrentar los desafíos con valentía y optimismo, podemos construir un futuro brillante para nosotros y para las generaciones venideras.

VOJMIR VLADILO

Made in the USA
Columbia, SC
03 November 2024

45149543R00046